Herbert George

Likörbereitung

Herbert George

Likör-bereitung

11. Auflage

8 Farbfotos auf Tafeln
57 Zeichnungen

Ulmer

Inhalt

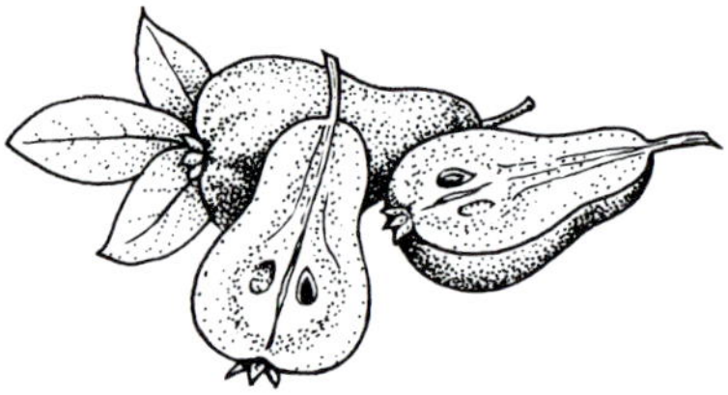

Einführung

Die Zutaten und ihre Verarbeitung

Rezepte

Kleines Abc für Likörfreunde

Aus dem Feuerquell des Weines,
aus dem Zaubergrund des Bechers,
sprudelt Gift und – süße Labung
sprudelt Schönes und – Gemeines:
nach dem eig'nen Wert des Zechers,
nach des Trinkenden Begabung!

Friedrich Bodenstedt

Vorwort

Selbst gemachte Liköre gehörten ehemals zum festen Bestandteil einer gut geführten Hauswirtschaft, besonders im bäuerlichen Bereich. Jede Landschaft hatte ihre Schnaps- und Likörspezialitäten und hat sie zum Teil noch heute. Manche Rezepte wurden von Generation zu Generation in den Familien weitergegeben. Man war stolz auf seinen Selbstgemachten. Die Stadt war fern und das Geld knapp. So blieben die gekauften „Schnäpse" die Ausnahme. Man hatte ja viele Rohstoffe für einen Likör im eigenen Garten und preiswerten Korn zum Ansetzen gab es im Kolonialwarenladen oder man hatte selbst gebrannt. Damit wurde nach den überlieferten Rezepten selbst angesetzt. Inzwischen können Likörbereiter nach den fachmännischen Anleitungen dieses Buches aus den wohlschmeckenden Gewächsen des Gartens und des Feldes gute Liköre selber machen.

Dieser Ratgeber ist das Ergebnis langjähriger Erfahrungen. Manche Fragen und Anregungen von Lesern haben zur Verbesserung früherer Auflagen beigetragen. Aber auch diesmal konnte ich mich nicht entschließen, einen Zwiebellikör in die erweiterte Rezeptsammlung aufzunehmen. Auch die Beiträge im ersten Teil dieses Buches, die viel zum Gelingen beitragen können, wurden immer wieder überarbeitet. Wenn die Hektik der sommerlichen Ernte vorüber ist, empfiehlt sich die Lektüre der Geschichte des Branntweins. Dass Alkohol nicht nur Freudenspender ist, sondern auch viel Unheil anrichten kann, wird ebenfalls nicht verschwiegen. Mit der Ausführlichkeit des Kapitels über Alkohol wollte ich die Belange der Kleinbrenner berücksichtigen, deren Wissensdurst die Entstehung dieses Buches ursprünglich zu verdanken ist.

Es wird auch weiterhin eine Arbeitsweise nach handwerklichen Grundsätzen empfohlen. Daran sollte man sich halten, jedenfalls zu Anfang. Mancher Likörbereiter wird sein Wissen auch aus anderen Quellen einfließen lassen oder selbst experimentieren. Dieses Buch hat seinen Sinn erfüllt, wenn es Grundsätzliches vermittelt und Anregungen zu eigenen Versuchen gegeben hat, denn Probieren geht über Studieren, auch beim Likörbereiten. Lassen Sie sich nicht entmutigen, wenn bei den ersten Versuchen nicht das herauskommt, was Sie geplant hatten. Zum Ärger-Hinunterspülen reicht's immer noch – nach dem Motto von Wilhelm Busch, der in seiner „Frommen Helene" sagt: „Es ist ein Brauch von alters her: wer Sorgen hat, hat auch Likör".

Darum viel Erfolg und Freude am Selbstgebrauten!

Herbert George (†)

Einführung

Was ist ein Likör?

Liköre sind alkoholhaltige Getränke mit Zusatz von Zucker und aromatischen Stoffen wie Pflanzen- und Fruchtauszügen oder -destillaten, Fruchtsäften und ätherischen Ölen. Der Alkoholgehalt kann zwischen 20 und 58 % liegen. Üblich sind ungefähr 25 Prozentvolumen (Vol.-%).

Der Extraktgehalt (bestehend aus Zucker- und Inhaltsstoffen der Pflanzen und Früchte) muss 220 g im Liter betragen. Liköre mit geringem Extraktgehalt müssen höherprozentig sein. Ausländische Erzeugnisse dürfen einen geringeren Alkoholgehalt haben, sofern sie in dem betreffenden Land traditionsgemäß mit einem geringeren Alkoholgehalt hergestellt werden.

Bei der Likörbereitung zum eigenen Gebrauch braucht man die oben genannten Werte nicht so eng zu sehen. Die Entwicklung tendiert heute zu mehr Aroma, besonders bei Fruchtlikören, und zu weniger Alkohol. Das bringt weniger Promille und einen von der Schärfe des Alkohols befreiten Genuss. Diese Erfahrung hat sich erst in den letzten drei Jahrzehnten durchgesetzt. Vorher war der Alkohol eindeutig der ausschlaggebende Faktor, Zucker und Aroma waren die großen Verführer.

Die Liköre haben ihren Ursprung in Italien und waren damals, im 13. Jahrhundert, nichts anderes als gesüßte Medikamente.

Das Wort „Likör" stammt von dem italienischen Wort liquore = Flüssigkeit. Bereits im 13. Jahrhundert stellte der Leibarzt verschiedener Päpste, Arnoldus Villanovanus, diese Neuheit in der Geschichte der alkoholischen Getränke her. Vermutlich hatte er mit seinen prominenten Patienten die auch heute noch bekannte Schwierigkeit, ihnen die aus Kräutern, Samen und Früchten bestehenden Medikamente schmackhaft zu machen. Er „versüßte" seine Mixturen mit dem Saft reiner Pflaumen und Honig. Zucker war an der Wende vom Mittelalter zur Neuzeit noch selten und zu kostbar.

Knapp 200 Jahre später, 1533, zog die Italienerin Catharina de Medici von Florenz nach Paris, um die Frau des Herzogs von Orleans (später Heinrich II. von Frankreich) zu werden. Sie hatte in ihrem Gefolge einige Spezialisten in der Herstellung von Likören, die ihre Kunst an die Franzosen weitergaben. Diese begannen mit neuen, raffinierten Zusammenstellungen den Italienern den Rang abzulaufen und haben ihn bis heute nicht wieder abgegeben.

Die Bereitung von Likören in Deutschland setzte nur langsam ein. Zwar wurde 1570 in Augsburg die erste Zuckerraffinerie errichtet. Aber dieser Zucker war noch sehr teuer, da das Zuckerrohr aus Indien importiert werden musste. Erst 1747, nach der Entdeckung des Zuckergehalts in der Runkelrübe durch den Chemiker Markgraf, wurde der Zucker für die Likörherstellung interessant. Trotzdem blieben die deutschen Liköre mehr oder weniger Nachahmungen ausländischer Vorbilder.

Über die Geschichte des Alkohols, dem wesentlichen Bestandteil aller Schnäpse und Liköre, allgemein „Branntwein" genannt, wird anschließend berichtet.

Geschichte des Branntweins

Wie die Geschichte vom Wein und vom Bier stellt auch die Historie vom Branntwein, das heißt vom trinkfertigen Alkohol, ein bedeutendes Kapitel menschlicher Kulturgeschichte dar. Sie begann vor über drei Jahrtausenden und kann noch lange nicht zu Ende geschrieben werden.

Den heute als Alkohol bezeichneten Stoff gab es in der Antike nur als Bestandteil des Weins. Wie durch schriftliche Aufzeichnungen, nicht zuletzt durch die Bibel und andere Dokumente aus jener Zeit überliefert ist, war Wein ein weit verbreitetes Getränk. So beschreibt auch Homer in der Ilias, dem ältesten europäischen Gedicht im 8. Jahrhundert v. Chr., einen Schild des Achill, auf dem die Weinlese reliefartig dargestellt war. Über die Inhaltsstoffe des Weins war den Völkern des klassischen Altertums wenig bekannt. Man hatte aber beobachtet, dass Wein „brennen" kann, wenn er bei großen Festen und Trinkopfern auf glühende Steine gegossen wurde. Gelehrte der alten Welt von Aristoteles (380 v. Chr.) bis Plinius (70 n. Chr.) nannten dieses Brennen „Ausdünstung, die brennbar ist". Näheres über diese Erscheinung, die die Grundlage für die erst um 1150 entwickelte Destillationstechnik ist, blieb ihnen verborgen, obwohl die meisten der noch heute für die Nutzbarmachung dieser „Ausdünstung" notwendigen Geräte schon lange bekannt waren.

Aus Ägypten ist nämlich ein Relief aus dem 5. Jahrhundert v. Chr. überliefert, auf dem deutlich ein Destillationsgefäß (Brennblase) zu erkennen ist. Diese Brennblase wurde aber nur zur Herstellung von aromatischen, heilkräftigen Kräuterwässern benutzt. Sie konnte auch gar nicht zur Destillation von Wein verwendet werden, weil ein entscheidender Teil der Destilliervorrichtung, nämlich der Kühler, noch nicht bekannt war.

Erst im Mittelalter entdeckte man die physikalischen Zusammenhänge des Destillationsvorgangs und erst ab dieser Zeit kamen die Alchimisten zu einer wirklichen Destillation, das heißt zu einer Trennung der flüchtigen (alkoholhaltigen) von den nichtflüchtigen (extrakthaltigen) Bestandteilen des Weines. Diese Entdeckung wurde zum Ursprung vieler Wissenschaften. Sie hat die Chemie ebenso wie die Physik, die Medizin und die Geologie entscheidend beeinflusst und viele Erkenntnisse und Erfindungen eingeleitet.

Neugierde und mystische Vorstellungen, der Zwang, Ergebnisse vorzuweisen und die Hoffnung, den Stein der Weisen, das Mysterium magnum zu finden, haben seitdem die Feuer in den Alchimistenküchen der ganzen damals bekannten Welt nicht erlöschen lassen.

Überliefert ist der Vorgang der Weindestillation erstmals ausführlich von einem Gelehrten von Salerno, einer der ältesten abendländischen Hochschulen, der sich Magister Salernus nannte und 1167 verstorben ist. Aus seiner Schrift geht hervor, dass die Destillation vornehmlich dazu diente, neue, wirksamere Heilmittel zu finden. Jahrhunderte nach seiner Entdeckung galt der Branntwein in den meisten Kulturstaaten als Heilmittel. Berühmte Gelehrte wie Graf Ballstädt, genannt Albertus Magnus aus Lauingen an der Donau, der Katalane Arnoldus Villanovanus und Raymundus Lullus aus Mallorca beschäftigen sich mit der Vervollkommnung der früheren Versuche. Besondere Ereignisse wie die 1349 ausgebrochene Pest waren weitere Motive, die Arbeit an dem Heilmittel Alkohol verstärkt fortzusetzen. Bis zum 14. Jahrhundert

lag die Destillation von Wein wohl nur in den Händen von gelehrten Mönchen und Ärzten, die nach alten Rezepten Kräuter und Wurzeln mischten und diese statt mit kochendem Wasser mit Branntwein ansetzten. 1353 brachte der fränkische Apotheker Hieronymus Burkhard das Geheimnis der Weinbrennerei von einem Feldzug aus Italien mit nach Deutschland. Darüber existiert sogar noch eine Urkunde, die Burkhard das Privileg bescheinigte, Branntwein herstellen zu dürfen.

Dieses Privileg blieb zwei Jahrhunderte lang den Apothekern vorbehalten, die dafür sorgten, dass der *„geprannt weyn"* eine Arznei blieb und nicht zu einem Genussmittel „herabgesetzt" wurde.

Neben den Erfolgen des Branntweins als Heilmittel ging aber auch bald der Missbrauch einher. Die Kreuzfahrer sind wohl die größten Liebhaber des neuen Wundermittels gewesen. Sie kümmerten sich wenig um die in der Heimat bestehenden Privilegien und brachten Unmengen Branntwein von ihren Kreuzzügen mit nach Hause. So blieb es nicht aus, dass ihre Landsleute ihnen nacheiferten und sich auch heimatliche Quellen zu erschließen wussten. Frankfurt und Nürnberg erließen im 13. und 14. Jahrhundert Verbote, normalen Wein mit einem Zusatz von *„gepranntem weyn"* zu versehen. Die Stadt Nürnberg schaffte im Jahre 1530 den ersten Karren an, um Betrunkene zu transportieren.

Während dieser Zeit wurde die Bezeichnung „Alkohol" für den „Geist", der im Branntwein enthalten ist, geprägt. Theophrastus Bombastus Paracelsus von Hohenheim, Philosoph und Arzt, entlehnte das Wort Alkohol dem Arabischen. Dort steht das Wort al ko hul für etwas *„besonders Feines, Reines bzw. das Subtilste eines jeglichen Dinges"*. Die neue Bezeichnung trat an die Stelle der bisher verwendeten lateinischen Bezeichnungen wie aqua vitae (Lebenswasser) oder aqua ardens (brennendes Wasser), um nur einige Namen zu nennen.

◀ *Branntwein war früher Heil- und nicht Genussmittel und nur in Apotheken zu erhalten.*

Destillierapparat mit Schlangenkühler in einem Wasserfass. Nach einer Darstellung aus dem 16. Jahrhundert.

Im Laufe des 16. Jahrhunderts vollzog sich dann die Wandlung des Branntweins vom Arzneimittel zum täglichen Getränk. Wirklich populär wurde der Branntwein aber erst in der zweiten Hälfte dieses Jahrhunderts, als flämische Flüchtlinge, die vor der Schreckensherrschaft des spanischen Herzogs Alba geflohen waren, auf ein Angebot des Kurfürsten Brandenburg als neue Heimat erwählten. Unter ihnen befanden sich ein paar erfahrene Kornbrenner. Man gab ihnen nicht nur Gedanken-, sondern auch Gewerbefreiheit.

Damit war das Monopol der Apotheker gebrochen. Denn was für den Korn recht war, war für den Wein billig. Jetzt bedurfte es nur noch des Dreißigjährigen Krieges, um den Branntweinkonsum in schwindelnde Höhen zu treiben.

Verschiedentlich wurden Branntweinverbote erlassen. In manchen Gegenden verschmähte man besonders den Getreidebranntwein. Im weinreichen und dabei puritanischen Württemberg hielt man es sogar für eine Sünde, aus Brotgetreide Branntwein zu brennen. Er galt als die Ursache der meisten Verbrechen und als Laster, als ein Trank der Hölle, eine Erfindung des Teufels.

Allmählich mäßigte sich der unkontrollierte Branntweinrausch und es gelang, die Alkoholerzeugung in staatlichen Griff zu bekommen. Man führte um 1530 eine ausführliche *„Ordnung wie und welcher Gestalt der gebrannte Wein allhier forthin gebrannt, versteuert und verkauft werden soll“* ein. Dabei ist festzustellen, dass der „Bornewyns-Zins“ eine besondere Bedeutung für die Gemeinden erlangte. Seitdem ist es bei dem Bornewyns-Zins geblieben. Heute heißt dieser Zins Branntweinsteuer.

Im 17. Jahrhundert wird auch die Gewinnung von Branntwein aus der Kartoffel erwähnt. Dem kurfürstlichen Leibarzt und Chemiker Bacher, Professor in Mainz, soll es im Jahre 1669 gelungen sein, Branntwein aus der Kartoffel zu erzeugen, nachdem er entdeckt hatte, dass die in dieser Frucht enthaltene Stärke ein Zuckerstoff ist. In größeren Mengen konnte dieser Alkohol aber erst hergestellt werden, nachdem 1720 König Friedrich Wilhelm I. seine brandenburgischen Untertanen Kartoffeln anbauen ließ, was nicht ohne Zwang vor sich ging.

Branntwein begleitete die Heere aller Völker. Die Krieger Dschingis-Khans spornte aus Stutenmilch gebrannter Kara Kumyß zu ihrem Expansionsdrang an. Von den Kreuzfahrern ist schon berichtet worden. Napoleon wusste die Wirkung des Alkohols für seine Grande Armée richtig einzuschätzen. So ließ er allein in Westfalen 600 000 Liter Korn für seine Soldaten vor dem Russlandfeldzug bereitstellen. Dabei zog das Heer doch in das Land des Wodkas! Auch in den beiden Weltkriegen gehörten alkoholische Getränke zur Truppenverpflegung.

Den Abschluss dieser kurzen, geschichtlichen Darstellung des Branntweins soll ein Auszug aus dem ersten Band der „Beiträge zur Geschichte der Erfindung“ aus der Feder von Johannes Beckmann, Leipzig 1786, bilden:

„Die Erfindung des Branntweins gehört zu denen Erfindungen, welche die mannigfaltigsten und größten Würkungen gehabt haben, so wie die Erfindung der Schreibkunst, des Geldes, des Schießpulvers, der Magnetnadel, der Buchdruckerey ... Sie hat heilsame Arzneyen geliefert, aber auch wohlschmeckende Getränke, unter dem verführerischen Namen Lebenswasser ... Eine solche Erfindung verdiente wohl eine Geschichte. Wer die einmal vollständig liefern will, wird mit der Geschichte einer der vornehmsten chemischen Arbeiten, der Destillation, anfangen müssen, die vermutlich noch in den ungedruckten und ungenützten Handschriften arabischer Goldmacher stecken mag. Man wird bey weiterer Nachforschung finden, dass der Wein den ersten trinkbaren Branntwein geliefert hat ...“

Alkohol hat zwei Gesichter

Wer gerne einen guten Tropfen trinkt, sollte sich auch ein wenig mit der Wirkung des Alkohols auf den menschlichen Organismus auseinandersetzen.

Die Hauptmenge des getrunkenen Alkohols wird vom Magen resorbiert. Von dort geht er direkt ins Blut. Der Blutkreislauf transportiert ihn schnell in alle Körperregionen. Die entscheidende Wirkung des Alkohols ist im Gehirn in Form eines Rauschzustands festzustellen. Sie beginnt mit leichter Erregung des vegetativen Nervensystems, führt über eine Hochstimmung zur Störung der Konzentrationsfähigkeit und endet nach Stationen der Ungehemmtheit und mangelnder Selbstkontrolle bei vorübergehenden Lähmungserscheinungen.

Der Abbau und die Ausscheidung des Alkohols erfolgen über den Atem (ca. 10 %), den Urin (ca. 10 %) und die Leber. Hier wird er „verbrannt" und bildet u. a. Fett, das in Depots abgelagert wird. Aus den oben angeführten Tatsachen darf man aber nicht schließen, dass Alkohol in jedem Fall giftig ist. Auf die Dosis kommt es an. Verdünnter Alkohol, wie er in alkoholhaltigen Getränken enthalten ist, ist ebenso wenig giftig wie Zucker, Salz oder Aspirin. Ohne Salz schmeckt das Essen fade. Wenn man aber den Inhalt eines Salzstreuers darüber entleert, würde man nach kurzer Zeit sterben.

Wer in fröhlicher Runde die freundlichen Seiten des Alkohols genießen will, sollte nach einem bewährten Rezept verfahren: „Kurz anfeuern, langsam nachlegen!", das heißt in der ersten Stunde etwas mehr trinken und sich anschließend mit einem Glas pro Stunde begnügen. Auf diese Weise kann man sich während eines ganzen Abends in optimaler Stimmung halten, ohne Gefahr zu laufen, den Bogen zu überspannen. Wo allerdings das Optimum liegt, muss jeder an sich selbst ausprobieren. Bei solchen Gelegenheiten wird man vorteilhaft die ausgleichende und bremsende Wirkung einer guten Mahlzeit nutzen und besondere Vorsicht walten lassen, wenn man sich gerade in medikamentöser Behandlung befindet.

Mit dem Essen sollte man nicht zu früh und nicht zu spät beginnen. Am vorteilhaftesten ist es, während des Trinkens eine kräftige Mahlzeit zu sich zu nehmen. Durch das Essen wird der Alkohol zwar nicht verschwinden, die Wirkung wird aber verlangsamt. An der Tatsache, dass ungefähr 7 g Alkohol eine Stunde benötigen, um abgebaut zu werden, ändert auch eine noch so gute Mahlzeit nichts. Ebenso steht fest, dass es keine Mittel gibt, die Wirkung des Alkohols auszuschalten bzw. den Abbau durch die Leber zu beschleunigen.

Um sich ein wenig mit der Materie der Promille-Berechnung vertraut zu machen, sind die folgenden Hinweise hilfreich. Die Verbrennungsgeschwindigkeit in der Leber des Menschen wird mit 0,1 g/h/kg Körpergewicht beim Mann und 0,085 g/h/kg bei der Frau angenommen; das heißt ein 70 kg schwerer Mann kann in einer Stunde

7 g Alkohol abbauen. Setzen wir diesen Wert in die so genannte Widmarksche Formel ein, so ergibt sich folgender stündlicher Abbau der BAK (Blutalkoholkonzentration):

$$\frac{7\text{ g Alkohol}}{70\text{ kg} \times 0{,}68} = 0{,}15\ ‰.$$

Die Zahl 0,68 ist der so genannte Reduktionsfaktor für das Gewicht, weil die Alkoholkonzentration nicht überall im Körper gleichmäßig ist. Die Zahl 0,68 gilt für Männer, für Frauen 0,61. Das bedeutet, dass man für 1 ‰ ca. 6 Stunden zum Abbau benötigt, für 2 ‰ ca. 13 Stunden und für 3 ‰ ungefähr 20 Stunden. Die Zahlen in der Tabelle mögen für die eigenen Berechnungen nützlich sein:

Die Tabelle ist nur ein Hinweis auf den Alkoholgehalt verschiedener alkoholischer Getränke. Aus ihr eine genaue Berechnung der Promille Alkohol im Blut abzuleiten, ist nicht empfehlenswert.

Jeder Mensch reagiert anders auf Alkohol, weil wichtige Faktoren wie Körpergewicht, seelische Verfassung, Trink- und Essgewohnheiten, körperliche Betätigung und Gesundheitszustand der am Abbau beteiligten Organe eine wichtige Rolle spielen.

Trotz der „Doppelzüngigkeit" des Alkohols sollte man sich auch seiner angenehmen Eigenschaften in der Vielfalt seiner Formen bedienen und ihn in Maßen das sein lassen, was er seit Jahrtausenden gewesen ist: ein Freund in guten und schlechten Zeiten.

Durchschnittlicher Alkoholgehalt alkoholischer Getränke

Getränke	ungefährer Alkoholgehalt		Alkoholgehalt für 1 Glas	
	Vol.-%	g/Liter	Inhalt ml	g Alkohol
Bier	4	40	250	10
Wein	11–14	90–110	250	22–28
Branntwein (Korn, Weinbrand, Whisky)	38–40	300–320	20	6–6,5
Likör	25	200	20	4
Wermutwein, Südwein	16	125		6

Die Zutaten und ihre Verarbeitung

Alkohol

Alkohol ist eine farblose, brennend schmeckende, leicht entzündliche Flüssigkeit, die leichter als Wasser ist. Die letzte Eigenschaft ist Grundlage für die Alkoholgehaltsmessung. Je größer der Alkohol-Anteil einer Flüssigkeit ist, desto leichter wird sie. So wiegt z. B. 1 Liter einer 90 %igen Alkohol-Wasser-Mischung 829,18 g, ein 10 %iger Alkohol bereits 984,71 g.

Reiner Alkohol gefriert bei −130,5 °C und siedet bei 78,3 °C. Der Chemiker reiht den Alkohol in die Gruppe der Kohlenwasserstoff-Verbindungen ein mit folgenden Bestandteilen: ca. 52 % Kohlenstoffe, 35 % Sauerstoff und 13 % Wasserstoff. Alkohol entsteht durch Vergärung zuckerhaltiger Stoffe wie Weintrauben, Obst, Melasse (Rückstände bei der Zuckerfabrikation), Getreide, Kartoffeln und Zellulose. Dabei werden die Zuckerstoffe unter Einfluss von Hefepilzen zu 95 % in Alkohol und Kohlensäure umgewandelt. Diese beiden Stoffe entstehen zu fast gleichen Teilen, außerdem in viel kleineren Mengen Nebenprodukte. Der Alkohol und geringe Mengen der Kohlensäure lösen sich in der Gärflüssigkeit. Der Hauptteil der Kohlensäure steigt während der Gärung auf und „verfliegt" in der Luft. Tatsächlich ist die Kohlensäure schwerer als die Luft und setzt sich am Boden ab (Erstickungsgefahr in Gärkellern!).

Der bei der Gärung entstandene Alkohol, je nach Ausgangsmaterial 8 bis 12 Vol.-%, muss also durch Destillation „verdichtet" werden. Destillation ist ein Trennungsverfahren, bei dem die festen bzw. nicht verdampfbaren Bestandteile, z. B. einer vergorenen Obstmaische, von den verdampfbaren, wie Alkohol und Wasser, durch Wärme getrennt werden. Die alkoholhaltigen Wasserdämpfe führt man durch einen Kühler. Dabei verflüssigen sie sich. Diese Flüssigkeit nennt man Destillat (von destillare = tropfen).

Wie bereits erwähnt, können die Hefepilze nicht nur Zucker in Alkohol verwandeln, sie lassen bei der so genannten Nebengärung aus Zucker auch geringe Mengen an Glyzerin und aus den vorhandenen Eiweißstoffen Fuselöle entstehen. Fuselöle sind Begleitstoffe des Alkohols und verraten seine Herkunft. Erst die Produkte der Nebengärung verleihen dem Branntwein seinen typischen Geschmack und Geruch. Leider bestehen die Produkte der Nebengärung nicht nur aus Wohlgerüchen. Ab einer bestimmten Temperatur während der Destillation gehen Stoffe in das Destillat über, die – in größeren Mengen genossen – schädliche Wirkungen auf den Organismus haben. Hier greift das Können des Fachmanns ein, indem er die schädlichen Stoffe abtrennt. Dabei unterscheidet man drei Phasen:

1. Vorlauf: Er hat unangenehm riechende und schmeckende, z. T. giftige Bestandteile. Dieser Alkohol wird der Chemischen Industrie überlassen oder vernichtet.
2. Mittellauf: Er ergibt die für die Branntweinherstellung brauchbaren Teile, auch „Herz" genannt.

3. Nachlauf: beinhaltet Fuselöle, die teilweise für das Aroma und den Geschmack verantwortlich sind.

Dabei bedient man sich der Tatsache der verschiedenen Siedepunkte von Alkohol (79 °C) und Wasser (100 °C). Der Alkohol verdampft zuerst. Das Destillat wird in drei verschiedene Gefäße geleitet, um das Beste, das „Herz", herauszunehmen. Meistens muss der Vorgang wiederholt werden, weil mit einer Destillation nicht genügend Wasser abgetrennt werden kann, das heißt der Alkoholgehalt des Destillats noch zu niedrig (etwa 40 Vol.-%) ist. Bei der zweiten Destillation, auch Rektifikation genannt, kann ein Alkoholgehalt bis zu 97,2 Vol.-% erreicht werden, je nach Führung des Destillationsvorgangs.

Wegen seiner vielfältigen Wirksamkeit dient der Alkohol als Lösungs- und Desinfektionsmittel, als Brennspiritus und als Genussmittel.

Der Alkoholgehalt des am meisten verwendeten Alkohols, des Sprits, beträgt 90 bis 96,5 Vol.-%. Dieser Alkoholgehalt ist durch die Tatsache begründet, dass mittels Destillation nur ein Alkoholgehalt von 97,2 Vol.-% erreicht werden kann. Die Herstellung von 100 %igem Alkohol ist nur mit Wasser entziehenden Mitteln möglich. Für die Likörbereitung hat der reine (absolute) Alkohol keine Bedeutung, da er teurer ist und ihm oft ein artfremder Nebengeruch anhaftet.

In der Bundesrepublik Deutschland ist die Produktion von Alkohol Angelegenheit des Staates, das heißt die Herstellung ist ein Staatsmonopol. Die Bundesmonopolverwaltung für Branntwein (BfB), eine Abteilung des Bundesfinanzministeriums, ist zuständig für Produktion und Verkauf.

Die Erzeugung erfolgt in landwirtschaftlichen Betrieben, die der staatlichen Aufsicht hinsichtlich ihrer Branntweinerzeugung unterliegen. Die Monopolverwaltung kauft den ablieferungspflichtigen Branntwein auf, reinigt und verkauft ihn weiter an die Trinkbranntweinhersteller, an die chemische, pharmazeutische und kosmetische Industrie.

Alkohol aus Kartoffeln, Melasse und Getreide

Die in Kartoffeln und im Getreide enthaltene Stärke – ein nicht direkt vergärbarer Zuckerstoff – muss durch das im Malz enthaltene Enzym Diastase in vergärbaren Zucker umgewandelt werden. Nach der Verzuckerung wird die Maische, das heißt die Mischung aus Rohstoff, Malz und Wasser, mittels Hefe vergoren und der dabei entstehende Alkohol (etwa 10 Liter reiner Alkohol bei Kartoffeln bzw. etwa 35 Liter reiner Alkohol bei Getreide aus je 100 kg Ausgangsmaterial) durch Destillation von den übrigen Stoffen getrennt.

Die Qualität des Sprits, der von der Bundesmonopolverwaltung gereinigt wird, ist genormt:

Geruch und Geschmack: neutral
Fuselöl: höchstens 4 mg/l
Methylalkohol: höchstens 0,2 Vol.-%.

Der Melassesprit wird aus einem bei der Zuckerfabrikation abfallenden Restprodukt erzeugt. Die Melasse enthält noch etwa 50 % Zucker und kann unmittelbar durch Hefe vergoren werden. Auch dieser Alkohol ist ablieferungspflichtig und unterliegt den oben genannten Normen.

Gelegentlich wird dem häuslichen Likörhersteller, besonders in norddeutschen Gebieten, auch Kornsprit zur Verfügung stehen. Als Ausgangsstoffe dienen in der Hauptsache Roggen, Weizen und Gerste.

Geschmacklich und vom Geruch her ist der Kornsprit, wenn er gut gereinigt ist, von Kartoffelsprit kaum zu unterscheiden. Auch in der Bekömmlichkeit sind beide Spritsorten gleichwertig. Kornsprit ist, bedingt durch das Rohmaterial, etwas teurer. Er kann überall an Stelle von Kartoffelsprit verwendet werden.

Alkohol aus Obst

Außer den oben genannten Alkoholsorten stehen dem häuslichen Likörhersteller, meistens in Süddeutschland, auch noch andere Alkoholquellen offen. Es kommen hier die hauptsächlich in so genannten Abfindungsbrennereien erzeugten Obstbranntweine in Frage. Die Monopolverwaltung überlässt den Kleinbrennern gegen Bezahlung der Branntweinsteuer eine begrenzte Menge Branntwein, den diese aus eigenen Obststoffen erzeugt haben. Die Branntweinsteuer wird in diesem Fall nicht auf Grund der realen Branntweinmenge errechnet, sondern nach einem Pauschalsatz, der sich aus der Menge des gebrannten Stoffes und dem so genannten Ausbeutesatz ergibt. Um in besonders ertragreichen Jahren das nicht verkäufliche Obst vor dem Verderb zu retten, gewährt die Monopolverwaltung bisweilen gewisse steuerliche Vorteile. Auf diese Weise verhilft die Bundesregierung den süddeutschen Obstbauern zu einem Ausgleich.

Über die Obstbranntweine ist allgemein zu sagen, dass ihr Alkohol aus dem im Obst

Brenneinrichtung in einer Kleinbrennerei

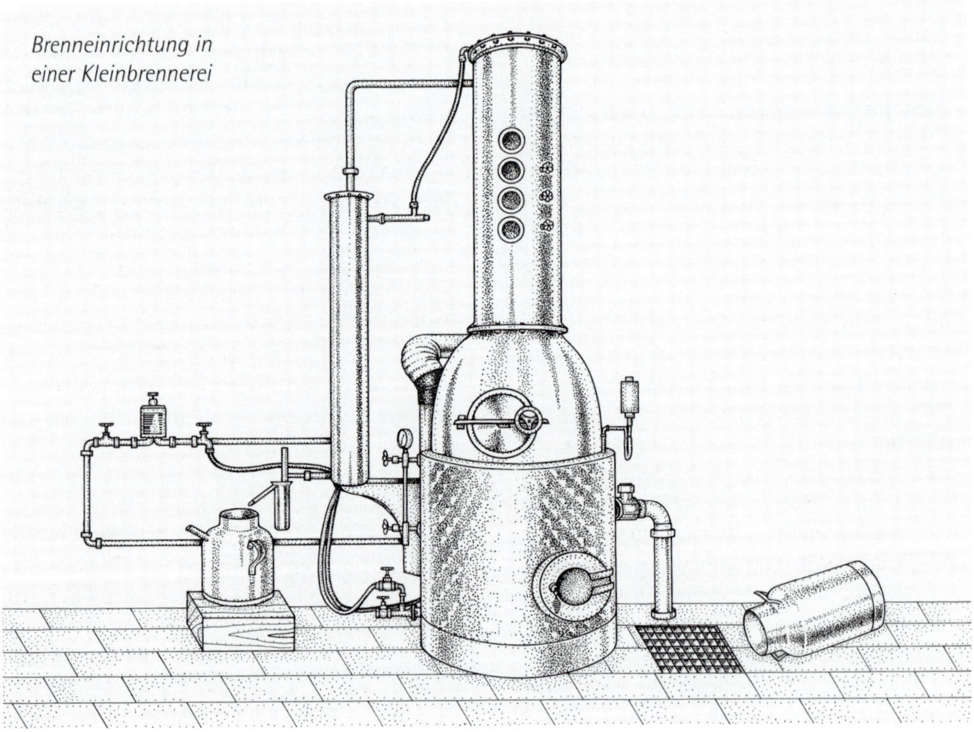

enthaltenen Zucker stammt. Der Alkoholgehalt beträgt zwischen 38 und 50 Vol.-%. Verfälschungen, besonders bei den edleren Obstbranntweinen, können durch Zusatz des billigeren Sprits oder Kernobstbranntweins vorkommen. Solche „Verschnitte“ sind verboten. Sie können vom Fachmann erkannt werden.

Bei den Obstbranntweinen unterscheidet man drei Gruppen: Obstbranntweine (Obstwasser) aus Steinobst und Beeren, Obstbranntweine (Obstgeiste) aus zuckerarmen Früchten und Kernobstbranntweine.

Die Obstbranntweine aus Steinobst und Beeren werden ausschließlich aus der betreffenden vollen, vergorenen Frucht gewonnen. Dazu gehören:

Kirschen, Zwetschgen, Mirabellen, Pflaumen, Schlehen, Aprikosen, Pfirsiche, Heidelbeeren, Himbeeren, Brombeeren, Johannisbeeren, Erdbeeren und Vogelbeeren.

Obstgeiste entstehen, wenn frische, unvergorene Früchte unter Zusatz von Monopolsprit destilliert werden. Dies ist möglich bei:

Heidelbeeren, Himbeeren, Brombeeren, Erdbeeren, Johannisbeeren, Vogelbeeren, Aprikosen und Pfirsichen.

Die so hergestellten Obstgeiste können sehr gut sein. Leider hat der Gesetzgeber kein Mengenverhältnis zwischen Frucht und Monopolsprit festgesetzt, so dass es zu großen Qualitätsunterschieden kommen kann. Geruchlich sind die Obstgeiste den Obstwässern oft überlegen, weil das zarte Aroma, z. B. der Himbeere, bei der Gärung stark in Mitleidenschaft gezogen wird. Geschmacklich aber haben die Obstwässer den Vorzug. Die dritte Gruppe der Obstbranntweine sind die Kernobstbranntweine (Obstler), die wohl am häufigsten in Süddeutschland anzutreffen sind. Ihr Alkohol stammt aus dem Zucker der Äpfel oder Birnen. Die Qualitäten sind recht unterschiedlich. Daher sollte man bei der Verwendung von Kernobstbranntwein zur Bereitung von guten Likören sehr vorsichtig sein. Apfelbranntwein kann, direkt genossen, ein guter Schnaps sein. Die Franzosen der Normandie bereiten aus edlen Apfelsorten den weltberühmten Calvados. Auch einige Birnensorten ergeben einen guten Branntwein. So ist z. B. das Erzeugnis aus der Williamsbirne ein begehrtes Getränk für Liebhaber des klaren Schnapses.

Das in Deutschland verwendete Kernobst ist meistens kein Tafelobst. Dazu kommt noch, dass die Gärung nicht immer unter Kontrolle steht und sich dadurch unliebsame Nebenprodukte (unter anderem Essig) bilden können.

Wenn man gar keinen anderen Alkohol für die Bereitung eines Likörs zur Verfügung hat, so tut es auch ausnahmsweise ein guter „Moschtschnaps“. Empfehlenswert ist dann aber immer eine vorherige Behandlung des meist rauen und unrein schmeckenden Branntweins mit Holz- oder Knochenkohle, die man in der Apotheke kaufen kann. 3 bis 5 g Kohle genügen meistens für einen Liter Branntwein (zu viel schadet nicht!). Nach dem Zusatz der Kohle, die mit Branntwein angerührt und gut verteilt wird, bleibt der Schnaps etwa 24 Stunden lang stehen und muss dann filtriert werden.

Alkohol aus Weintrester und Weinhefe

Hier soll auch noch auf zwei Alkoholsorten hingewiesen werden, die aus Rückständen der Obst- und Traubenweinbereitung und den Weinhefegelägern bereitet werden.

Tresterbranntwein sollte man vor seiner Verwendung zur Likörbereitung genauestens auf seine Qualität prüfen. Man nimmt diese Prüfung am einfachsten in der Weise vor, dass man den betreffenden Branntwein zu gleichen Teilen mit Wasser verdünnt. Zeigt die Verdünnung einen sauberen, möglichst neutralen Geruch und Geschmack und keine milchige Verfärbung, kann man ihn eventuell in Verbindung mit Monopolsprit verwenden. Es soll nicht unerwähnt bleiben, dass der Grappa in Italien und der Schweiz sowie der Marc in Frankreich Tresterbranntweine sind.

Weinhefebranntwein hat einen intensiven Geruch und Geschmack. In verdünntem Zustand erinnert sein Geruch an Weinbrand. Er ist nicht geeignet für den direkten Genuss. Bei der Likörbereitung wirken Zusätze bis zu höchstens 1 % abrundend und ausgleichend. Mit größeren Mengen kann man jedoch alles verderben.

Alkohol aus Zellulose

Abschließend bleibt noch zu erwähnen, dass man auch aus Holz bzw. aus Abfällen bei der Papierherstellung brauchbaren Alkohol für Trinkzwecke erzeugen kann. In den skandinavischen Ländern kennt man den aus Holz gewonnenen Branntwein. Geschmacklich und geruchlich ist ein Erzeugnis, das unter Verwendung von Zellulosesprit hergestellt wurde, nicht von einem mit Kartoffelsprit zubereiteten alkoholischen Getränk zu unterscheiden. Auch in der Bekömmlichkeit sind beide Spirituosen gleichwertig. In Deutschland wird Alkohol aus Zellulose nicht für Trinkzwecke verwendet.

Der Bezug von Alkohol

Der Verkauf des Sprits ist Sache der Bundesmonopolverwaltung. Sie setzt den Verkaufspreis (Mindestpreis) für den Sprit und den daraus erzeugten Branntwein fest.

Für den Verkauf an den gewerblichen Verbraucher bedient sie sich besonderer Auslieferungsstellen. Der private Verbraucher kann den Sprit, auch „Spiritus“ oder „Weingeist für Heilzwecke“ genannt, nur in Apotheken oder bei Spezialversendern kaufen. Die gewerblichen Trinkbranntweinhersteller dürfen unverarbeiteten Sprit nur in Mengen bis zu 0,5 Litern abgeben. Entsprechend den Monopolbestimmungen ist es auch den Kleinverkaufsstellen untersagt, mehr als einen halben Liter Sprit auf einmal zu verkaufen.

Wer also größere Mengen benötigt, muss schon ein wenig hamstern. Gelegentlich haben die Kleinverkaufsstellen neben der gebräuchlichsten Sorte, dem Primasprit, auch die beste Qualität, den fein-filtrierten Sprit, vorrätig.

Die aus diesem Feinsprit bereiteten Liköre unterscheiden sich von den aus Primasprit erzeugten durch eine größere Weichheit. Feinsprit ist Primasprit, der mehrmals über Holzkohle filtriert und nochmals gebrannt wurde. Die Holzkohle hat die Eigenschaft, arteigene, oft recht unangenehme Geschmacks- und Geruchsstoffe aus dem Branntwein zu entfernen. So wird z. B. der Kartoffel- bzw. Getreidesprit, aus dem Wodka gemacht wird, mehrmals über Kohle filtriert. So erhält er seine geschätzte Reinheit und Weichheit.

Die Alkoholstärke des Monopolsprits (Prima- und Feinsprit) beträgt mindestens 96,4 Vol.-%. Der Sprit, den der Kleinverbraucher in Apotheken und bei Spezialversendern kaufen kann, also der Spiritus oder Weingeist, hat meistens nur 90 Vol.-%. Die Apotheken verkaufen hochprozentigen Alkohol hauptsächlich zu Heilzwecken. Diese Zweckbindung hat einen gewissen Steuervorteil, der aber mit der Mengenbegrenzung gekoppelt ist. In diesem Fall darf auch nur diese eine Sorte angeboten werden. Manche Apotheken verkaufen dagegen nur den Original-Monopolsprit, der dann 96 Vol.-% hat, aber mit der vollen Branntweinsteuer belastet ist.

Es kann vorkommen, besonders bei billigen Angeboten, dass der Monopolsprit durch Wasserzusatz verdünnt wurde. Sprit ist nämlich in jedem Verhältnis mit Wasser mischbar, ohne äußerlich erkennbare Anzeichen. Der Fachmann könnte sich durch eine Alkoholbestimmung vom Alkoholgehalt überzeugen. Der häusliche Hersteller ist auf die Ehrlichkeit der Verkaufsstelle angewiesen, die allerdings von staatlichen Stellen überwacht wird.

Trinkbranntweine aus Kartoffeln (Klarer), Getreide (Korn) oder Obst (Obstgeist und Obstwasser), die man ebenfalls zur eigenen Likörbereitung verwenden kann, bezieht man am preiswertesten vom Erzeuger (Kleinbrenner) in den entsprechenden Anbaugebieten.

Natürlich sind auch die Produkte, die man in Fachgeschäften oder in Großmärkten kaufen kann, ebenbürtige Alkohollieferanten. Man achte darauf, dass der Alkohol-gehalt möglichst hoch ist. Je höher der Alkoholgehalt des Ansatzalkohols, desto besser ist sein Lösungsvermögen, das heißt umso aromatischer wird der damit hergestellte Likör.

Der Umgang mit hochprozentigem Alkohol

Hochprozentiger Sprit ist außerordentlich leicht brennbar. Gerät ein brennendes Streichholz an die Öffnung einer nur teilweise mit Alkohol gefüllten Flasche, so kann es zur Explosion kommen. Daher ist beim Umgang mit Alkohol Vorsicht geboten.

Auch Augen, Nase und Mund sollten vor Sprit geschützt werden. Sollte doch einmal ein Spritzer in die Augen kommen, hilft nur viel lauwarmes Wasser.

Auf eine andere Eigenschaft des Sprits muss ebenfalls hingewiesen werden: Er ist Wasser anziehend (hygroskopisch). Sollte man gelegentlich vergessen, die Spritflasche gut zu verschließen, so verringert sich der Alkoholgehalt durch Aufnahme von Luftfeuchtigkeit sehr rasch.

Bei dieser Gelegenheit sei auch ein Monopolsprit erwähnt, der äußerlich dem Primasprit gleicht und doch eine große Gefahr in sich birgt: der Brennspiritus. Brennspiritus ist Primasprit, der durch Zusatz von Holzgeist (Methylalkohol) und Pyridin vergällt wurde und dadurch einen eigenartigen Geruch erhält. Methylalkohol ist ein starkes Gift, das zur Erblindung führen kann. Brennspiritus sollte nur in den eigens dafür bestimmten Flaschen aufbewahrt werden, um Verwechslungen auszuschließen.

Wasser

Jedes Wasser, mit Ausnahme des destillierten, ist eine Salzlösung, das heißt in jedem Wasser sind Salze gelöst, die es in seinem Lauf durch das Erdreich aufgenommen hat. Diese Salze sind zwar im Wasser löslich, in Alkohol-Wasser-Mischungen jedoch nur in beschränktem Maße.

Eine Spirituosenfabrik oder auch jede Brauerei, welche in einer Gegend produziert, in der Wasser sehr salzhaltig, also sehr hart ist, setzt aufwändige Methoden ein, um das Wasser „weich" zu machen.

Der häusliche Likörbereiter braucht die Frage der Wasserqualität nicht so ernst zu nehmen. Trübungen, die bei Verwendung von Leitungswasser entstehen, beeinflussen den Geschmack eines Likörs nur geringfügig, es sei denn, das verwendete Wasser riecht nach Chlor. Kalktrübungen aber setzen sich spätestens nach vier Wochen mit anderen Trubstoffen am Boden des Gefäßes ab.

Man kann in der Regel davon ausgehen, dass das Wasser, wie es von den Wasserwerken geliefert wird, auch für die häusliche Spirituosenbereitung geeignet ist. Vorhandenes Chlor muss mit Hilfe eines Spezialfilters entfernt werden.

Für alle Fälle soll hier auf einen einfachen Wassertest hingewiesen werden. Man vermischt Leitungswasser und Alkohol (Sprit) zu gleichen Teilen. Tritt nach einigen Minuten eine mehr oder weniger starke, milchige Trübung auf, so ist der Kalkgehalt erheblich. Hat sich diese Trübung nach einiger Zeit zu Boden gesetzt und ist sie außerdem noch bräunlich verfärbt, so ist neben Kalk auch Eisen im Wasser enthalten. In diesem Fall verwendet man abgekochtes Wasser oder Wasser, das durch einen Haushaltsfilter gelaufen ist. Im Fachhandel (Apotheken, Drogeriemärkten, Haushaltswarengeschäften und Reformhäusern) gibt es ein handliches Wasseraufbereitungsgerät (Handelsname „Brita"). Es erzeugt mittels einer Austauscherpatrone im Durchlaufverfahren nahezu härtefreies Wasser, dem außer Schwermetallen auch Chlor entzogen wird. Eine Beschichtung der Filterpatrone mit Silber verhindert die Bildung von Keimen und Bakterien.

Die Wasserwerke beurteilen ihre Wasserqualität nach folgendem Schema:

Härtegrade	Einstufung
0–4	sehr weich
4–8	weich
8–12	mittelhart
12–18	ziemlich hart
18–30	hart
30 und mehr	sehr hart

Das Wasser wird in nachstehende Härtebereiche eingeteilt:

Härtebereich	Härtegrade (°d-Härte = Grad deutscher Härte)
1	0–7,28
2	7,28–14
3	14–21,3
4	über 21,3.

Für die Likörbereitung sollte man weiches Wasser verwenden.

Zucker und Zuckerkulör

Zucker

Neben Sprit und Wasser ist Zucker ein wichtiger Rohstoff bei der Likörbereitung. Von den vielen Zuckersorten verwendet man für den Likör am vorteilhaftesten Rohr- oder Rübenzucker (Haushaltszucker). Beide Arten unterscheiden sich nur vom Ausgangsmaterial her. Geschmacklich sind sie gleichwertig.

Für die Likörbereitung nimmt man am besten eine Zuckerlösung (Zuckersirup). Theoretisch kann der Zucker auch trocken verarbeitet werden. Das bringt aber einige Schwierigkeiten und Nachteile mit sich. Der zugegebene Zucker wird sich nämlich in der alkoholhaltigen Flüssigkeit nicht sofort lösen und wegen seiner Schwere auf dem Boden des Mischgefäßes absetzen. Man müsste den Zucker, um ihn restlos zu lösen, unter verhältnismäßig großem Aufwand so lange in der Schwebe halten, also ständig umrühren, bis er restlos gelöst ist. Ein weiterer Nachteil sind die Unreinheiten, die jeder Zucker, mag er noch so sauber und weiß aussehen, enthält. Diese Unreinheiten sind es auch, die im Likör schwer zu beseitigende Trübungen verursachen. Bei der Verwendung von Zuckerlösung werden die Unreinheiten auf einfache Art beseitigt.

Ein weiteres Argument für die Zuckerlösung ist ihre Eigenschaft, den Likör geschmacklich weicher zu machen. Die Ursache für diesen erfreulichen Vorteil ist wissenschaftlich noch nicht einwandfrei geklärt. Wahrscheinlich hängt es aber damit zusammen, dass bei der Bereitung der Zuckerlösung der Rohr- oder Rübenzucker (Saccharose) teilweise in die Form von Invertzucker (Trauben- und Fruchtzucker) überführt wird. Diese Zuckerarten schmecken angenehmer.

Bereitung der Zuckerlösung

1 kg Zucker wird mit 450 ml Wasser gekocht. Man erwärmt am besten zuerst das Wasser und setzt dem heißen Wasser eine Prise Zitronen- oder Weinsäure (etwa 1 g) zu, die später die teilweise Umwandlung der Saccharose in Invertzucker bewirkt. Schließlich gibt man den Zucker unter ständigem Rühren dazu.

Die Umwandlung geht am schnellsten bei Kochtemperatur vor sich und dauert etwa 15 Minuten. Während des Kochens bildet sich an der Oberfläche ein grauer Schaum, der die vorher erwähnten Unreinheiten enthält. Dieser Schaum wird mit dem Schaumlöffel abgeschöpft.

Die fertige Lösung wird noch heiß in einen Messbecher geseiht. Es sollte 1 Liter Zuckerlösung entstanden sein. Ist die Menge zu gering, muss mit heißem Wasser auf 1 Liter (= 1000 ml) aufgefüllt und gut vermischt werden. Die Fehlmenge kann dadurch entstehen, dass während des Kochens zu viel Wasser verdampft.

Die Mengenkontrolle ist deshalb wichtig, weil in einem Liter der Lösung 1 kg Zucker enthalten sein soll. Diese kleine Mühe erleichtert die spätere Arbeit und trägt wesentlich zum Gelingen bei. Zu einem guten Likör gehören nicht nur Alkohol, Zucker, Aromastoffe und Wasser, sondern auch das richtige Verhältnis der einzelnen Zutaten zueinander. Eine ungenaue Zuckermenge kann den Wohlgeschmack eines Likörs ungünstig beeinflussen.

Sollte die Zuckerlösung nicht auf einmal verbraucht werden, so kann man sie ohne Bedenken an einem kühlen Ort (Keller) bis zum nächsten Mal aufbewahren. Wenn sie auskristallisiert oder gar verschimmelt, dann stimmten die Mengen Zucker, Wasser oder Zitronensäure nicht mit den vorgeschriebenen Mengen überein. Auskristallisierter Zucker macht die Lösung noch nicht unbrauchbar, eine verschimmelte Lösung dagegen ist ungenießbar.

Für die Leser, die es ganz genau wissen wollen, sei gesagt, dass die beschriebene Zuckerlösung 72,7 Gewichtsprozente Zucker enthält und ein Liter davon 1358 g wiegt.

Um dem Likör eine sämige Konsistenz zu geben, verwendet die Industrie den so genannten Stärkesirup (Glukose). Dieser Sirup besteht unter anderem aus höhermolekularen Kohlenhydraten, die die Dickflüssigkeit des Likörs verursachen. Durch höhere Zuckergaben könnte man die gleiche Wirkung erreichen. Der Likör wäre dann jedoch viel zu süß. Der Stärkesirup hat nur die Hälfte der Süßkraft des Zuckers. Dieser Wert wird bei der Aufstellung der Rezeptur berücksichtigt, so dass durch den Zusatz von Stärkesirup der Gesamtzuckergehalt nicht erhöht wird.

Leider hat der häusliche Likörhersteller kaum Gelegenheit, Stärkesirup in kleinen Mengen zu kaufen. Er muss also auf die handelsübliche Sämigkeit bei seinem Likör verzichten. Das bedeutet aber keineswegs eine wesentliche Geschmacksminderung des Produkts.

Zuckerkulör

Hier soll auch auf die Bereitung eines Farbstoffs aus Zucker für die Anfärbung von Likören hingewiesen werden. Bekanntlich wurde durch eine Verordnung der Bundesregierung die Verwendung von künstlichen Farbstoffen für die Färbung von Nahrungs- und Genussmitteln mit geringen Ausnahmen verboten. Zuckerkulör ist gebrannter Zucker und ein guter natürlicher Farbstoff, der den Farbansprüchen des Likörherstellers genügt.

Für die Bereitung von Zuckerkulör verwendet man Raffinade. Diese wird mit ungefähr 10 % Wasser angerührt und in einer stabilen Gusspfanne unter ständigem Rühren bei etwa 150 °C erhitzt. Der Zucker beginnt allmählich zu schmelzen, wird bei weiterem Erhitzen (etwa 180 °C) immer dunkler und nimmt schließlich eine sirupartige Konsistenz an. Spontanes Schäumen und Steigen der Masse kann man durch Hinzufügen von etwas kaltem Wasser dämpfen. Der letzten Phase im Karamellisierungsprozess ist große Aufmerksamkeit zu schenken, da die Masse jetzt schnell verbrennt.

Während des Abkühlens wird die zähflüssige Masse mit einer Mischung aus Sprit und Wasser (1 : 1) verrührt, bis der karamellisierte Zucker aufgelöst ist. Nach einigen Tagen setzen sich die alkoholunlöslichen Bestandteile zu Boden, man gießt dann die über dem Bodensatz stehende klare, braune Flüssigkeit ab und hat so einen haltbaren Farbstoff erhalten. Die Anfärbung eines Likörs nimmt man – zur besseren Kontrolle – in einem durchsichtigen Gefäß vor. Man beginnt mit einer geringen Menge Zuckerkulör, vermischt den Farbstoff und setzt bei Bedarf weitere Kulör zu. Es gibt auch Zuckerkulör, in Flaschen abgefüllt, zu kaufen.

Früchte

Zusammensetzung und Nährstoffgehalt

Die meisten Liköre, die bis heute nichts von ihrer Beliebtheit verloren haben, erhalten Geschmack und Farbe aus Fruchtsäften.

Der aus einheimischen Obstfrüchten gewonnene Saft ist eine Mischung von Fruchtbestandteilen. Die wichtigsten sind

1. Zucker in Form von Saccharose (Rohr- oder Rübenzucker), Fruktose (Fruchtzucker), Glukose (Traubenzucker) und Invertzucker (Mischung aus vorgenannten Zuckerarten).
2. Fruchtsäuren wie Äpfel-, Wein- und Zitronensäure, bei Steinobstsäften auch Blausäure.
3. Aromatische Stoffe in Form von esterartigen Verbindungen und ätherischen Ölen.
4. Pektin-, Eiweiß-, Mineral- und Farbstoffe.

Für einige der am häufigsten verwendeten Früchte gibt die unten stehende Tabelle den Gehalt an Zucker, Säure und so genanntem zuckerfreien Extrakt, das heißt an Pektin, Eiweiß, Aroma, Farbstoffen und mineralischen Bestandteilen an.

Die erhebliche Spannweite bei den Mengen der Inhaltsstoffe ist durch Art und Sorte und ihre unterschiedlichen Wachstums- und Reifebedingungen bedingt.

Der Gehalt an wichtigen Bestandteilen des zuckerfreien Extrakts der Früchte wird in der Tabelle auf Seite 28 aufgeschlüsselt.

Um die Erinnerung an die Wirkungsweise der Mineralstoffe und Vitamine ein wenig aufzufrischen, soll hier kurz ihr Einfluss auf den menschlichen Körper dargestellt werden.

Fruchtsorte	Zucker g/100 ml	Zuckerfreier Extrakt g/100 ml	Gesamtsäure (ber. als Zitronensäure) g/100 ml	Mineralstoffe g/100 ml
Äpfel	5,20–11,50	5,00–7,20	0,21–1,67	0,17–0,81
Birnen	5,80–14,60	5,70–6,20	0,04–0,79	0,14–0,56
Brombeeren	4,92– 7,26	2,33–4,56	0,65–2,05	0,32–0,52
Erdbeeren	3,03– 9,98	1,58–4,22	0,58–1,30	0,31–0,76
Heidelbeeren	3,50– 8,93	2,27–3,70	0,50–1,51	0,23–0,50
Himberen	3,05–12,09	2,05–6,10	1,11–3,30	0,33–0,75
Johannisbeeren, rot	2,45–14,44	2,00–5,71	1,31–4,12	0,30–0,84
Johannisbeeren, schwarz	7,00–11,66	6,23–9,65	1,85–5,57	0,59–0,98
Süßkirschen	9,65–16,35	2,22–9,40	0,43–1,47	0,39–0,79
Sauerkirschen	4,68–14,58	2,78–9,40	1,20–2,28	0,35–0,87

Lebensmittel	Energiegehalt in 100 g essbarem Anteil kcal	Abfall %	Der essbare Teil von 100 g		
			Protein g	Frucht-säure g	Kohlen-hydrate g
Äpfel	54	8	0,3	1	12
Birnen	59	7	0,5	+[1]	13
Kirschen, süß	65	12	0,7	1	13
Brombeeren	48	0	1,2	1	9
Erdbeeren	37	3	0,8	1	7
Heidelbeeren	62	3	0,6	1	13
Himbeeren	40	0	1,3	1	8
Johannisbeeren, rot	45	2	1,1	2	9
Johannisbeeren, schwarz	57	2	1,3	3	12
Pflaume (Zwetsche)	62	6	0,6	1	14

[1] = nur in Spuren enthalten [2] = Es liegen keine genauen Analysen vor

Mineralstoffe werden von den Pflanzen aus dem Boden aufgenommen, so dass Art und Menge vom Standort der Frucht abhängig sind. Sie bewirken eine Abstumpfung gesundheitsschädlicher Säuren, z. B. der Harnsäure, alkalisieren das Blut und geben ihm den richtigen pH-Wert, wie der Biologe sagt. Weiterhin werden sie besonders zum Aufbau des gesamten Organismus, vornehmlich der Knochen und Zähne, benötigt.

Vitamine sind Ergänzungsstoffe, zu deren Synthese der menschliche Körper nicht fähig ist, die vielmehr als Bestandteil der Nahrung aufgenommen werden müssen. Diese Ergänzungsstoffe sind, obwohl täglich nur geringe Mengen benötigt werden (z. B. beim Erwachsenen Vitamin A 0,8 bis 1,0 mg, Vitamin C 100 mg), für den störungsfreien Ablauf des Stoffwechsels unentbehrlich.

Vitamin A (Retinol) ist ein fettlöslicher Ergänzungsstoff und steht in naher Beziehung zu den in Blumen, Gemüse und Früchten enthaltenen gelben und roten Karotin-Farbstoffen. Es ist bei Kochtemperaturen hitzebeständig. Vitamin A sorgt für eine normale Tätigkeit der Fettdrüsen und hilft beim Aufbau von Sehpurpur im Auge.

Vitamin-A-mangelnde Kost bewirkt Gewichtsverlust durch Appetitlosigkeit und Schwinden der geistigen und körperlichen Kräfte, verbunden mit geringer Widerstandsfähigkeit gegen Infektionen. Tagesbedarf eines Erwachsenen: 0,8 bis 1,0 mg.

Die Vitamine B 1 (Thiamin) und B 2 (Riboflavin) gehören zu den so genannten wasserlöslichen Ergänzungsstoffen. Sie sind nicht kochbeständig.

Vitamin B 1 ist wichtig für die Atmung und das innere Leben der Zellen sowie für die Verarbeitung von Kohlenhydraten. Tagesbedarf eines Erwachsenen: 1,0 bis 1,3 mg.

Vitamin B2 sorgt für geregelte Magen- und Darmtätigkeit (Abbau der Fette und Eiweißstoffe) und fördert das Wachstum. Der Tagesbedarf eines Erwachsenen beträgt 1,2 bis 1,6 mg.

Vitamin C (Askorbinsäure) verhindert Skorbut, Blutungsneigung in der Haut und

eingekaufter Ware											
Energie		Mineralstoffe			Vitamine						
		Natrium	Kalium	Kalzium	Phosphor	Eisen	A	B1	B2	Niacin	C
kJ	kcal	mg	mg	mg	mg	mg	µg	mg	mg	mg	mg
210	50	3	130	7	10	0,4	10	0,03	0,03	0,3	11
230	55	2	115	16	20	0,3	15	0,05	0,03	0,2	5
240	57	2	200	14	20	0,4	45	0,03	0,03	0,2	9
200	48	3	190	30	30	0,9	45	0,03	0,05	0,4	17
150	36	2	140	25	30	0,9	8	0,03	0,05	0,5	62
250	60	1	65	10	10	0,7	20	0,02	0,02	0,4	21
165	40	–[2]	170	40	45	1,0	7	0,02	0,05	0,3	25
185	44	1	230	30	25	0,9	6	0,04	0,03	0,2	35
235	56	2	300	45	40	1,3	23	0,05	0,04	0,3	170
245	58	2	210	13	15	0,4	33	0,07	0,04	0,4	5

Quelle: Auszug aus „Kleine Nährwert-Tabelle" der Deutschen Gesellschaft für Ernährung e. V., 41. Auflage 1999

im Zahnfleisch, Infektionsanfälligkeit und Frühjahrsmüdigkeit. Vitamin C ist nicht hitzebeständig und empfindlich gegen Luftzufuhr. Der Tagesbedarf eines Erwachsenen beträgt 100 mg.

Mit diesem Hinweis auf Mineralstoffe und Vitamine in Früchten soll keineswegs behauptet werden, dass Fruchtsaftlikör ein geeignetes Mittel sei, um den täglichen Vitaminbedarf zu decken. Es sollte hier nur angedeutet werden, dass beim Genuss eines richtig zubereiteten Fruchtsaftlikörs, gleichsam als Zugabe, ein Teil der lebensnotwendigen Wirkstoffe aufgenommen wird.

Vorbereitung der Früchte

Für Likör verwendet man die ganze Frucht, das heißt Fruchtsaft und alkoholische Auszüge aus den Pressrückständen. Das Obst soll vollreif sein, weil es dann den höchsten Aroma- und Zuckergehalt hat. Überreife Früchte sind nur verwendbar, sofern sie nicht in Fäulnis übergegangen sind. Bereits in das Anfangsstadium der Gärung übergegangene Früchte sind für die Qualität des Saftes nicht unbedingt von Nachteil.

Für alle Arten der Saftgewinnung gilt, die Früchte vorher zu waschen (außer Himbeeren), zu entstielen und zu verlesen. Bei Steinobst dürfen höchstens 20 % der anfallenden Kerne mitverwendet werden, da sie hochgiftige Blausäure enthalten.

Weiterhin sollte man eisen und zinkfreie Geräte und Behälter verwenden, also keinen Fleischwolf aus Eisen, auch nicht verzinkt, weil Fruchtsäuren diese Metalle angreifen. Der Saft würde schwarz und ungenießbar und die Vitamine zerstört werden.

Pektine und deren Abbau

Pektin ist eine in Früchten weit verbreitete hochmolekulare Verbindung (Kohlenhydrat), die das Gelieren der Säfte bewirkt und bei der Verarbeitung zu Likören einige Schwierigkeiten bereitet. Pektin trübt den Fruchtsaft und damit den Likör und kann mechanisch, das heißt durch Filtration, nicht beseitigt werden.

Die Industrie setzt, um dieses Problem zu lösen, Enzympräparate ein. Das sind natürliche Pilze, die in kurzer Zeit die Pektinverbindungen zerstören und so auch die „Ausbeute" bei der Saftgewinnung bis zu 30 % steigern.

Bei den nachfolgend beschriebenen Verarbeitungsmethoden wird das Pektin (ohne Enzymzusatz) weitestgehend durch Vergärung zerstört. Eine leichte Angärung innerhalb eines Zeitraums von 24 Stunden ist zudem vorteilhaft, weil dann der Saft infolge der gleichzeitig einsetzenden Pektinzerstörung besser abzupressen ist. Bei dieser Phase der Gärung tritt noch keine wahrnehmbare Veränderung des Geschmacks in Richtung Weinigkeit ein. Auch höhere Alkoholkonzentrationen verursachen einen teilweisen Abbau. Wenn ein durch Pektin getrübter Likör mehrere Wochen Ruhe hat, setzt sich das Pektin zum großen Teil auch ohne Hilfsmittel am Boden des Gefäßes ab.

Wer jedoch die Möglichkeit hat, sich pektinabbauende Enzympräparate zu beschaffen, sollte besser davon als von der Angärung Gebrauch machen.

Der Saft verliert unter Einfluss dieser natürlichen Pilze in kurzer Zeit durch Abbau des Pektins einen großen Teil seiner schleimigen Beschaffenheit. Er wird also dünnflüssiger und leichter pressbar.

Diese pektinabbauenden Antigeliermittel können in Apotheken, bei Spezialversendern oder im Handel für Kellereibedarf, manchmal sogar beim nächsten Süßmoster erworben werden. 1 g davon, aufgelöst in etwas Saft, genügt für 1 kg Früchte. Sollte man gar kein Enzympräparat auftreiben, so kann man sich auch mit 2 bis 3 g Gelatine behelfen, vorgequollen in etwas handwarmem Wasser. Bereits nach 10 bis 12 Stunden kann man den Saft von den Rückständen abziehen. Diesen restlichen Fruchtbrei gibt man in einen Leinenbeutel und presst ihn mittels Handdruck ab.

Wem auch diese Methode zu aufwändig ist, besonders bei nur gelegentlicher Likörbereitung, sei verraten, dass das Pektin auch bei Gegenwart von Alkohol (mindestens 20 Vol.-%) abgebaut wird. Es dauert allerdings 4 bis 6 Wochen und hinterlässt einen größeren, kaum verwertbaren Bodensatz.

Saftgewinnung

Saftgewinnung durch Pressen ist die häufigste Methode. In vielen Haushalten, besonders in bäuerlichen Gegenden, sind Spindelpressen vorhanden. Für die Arbeit mit diesem Gerät ist wohl keine besondere Anweisung notwendig. Diese Fruchtpressen sind vor allem da lohnend, wo große Mengen Obst anfallen und zu Säften, Most, Wein oder größeren Mengen Likör verarbeitet werden.

Die Rückstände (Trester) dürfen nicht weggeworfen werden. Sie enthalten in den Schalen und Kernen noch wichtige Geschmacksstoffe (siehe Ansetzen, Seite 33).

Wer über keine Spindelpresse verfügt, braucht die Likörbereitung aber nicht gleich aufzugeben. Einfachere Mittel zur Saftgewinnung tun es auch, allerdings ist die Ausbeute geringer.

Die Früchte werden zunächst zerkleinert. Dies ist im Haushaltsmixer oder mit dem Fleischwolf möglich. Die gemahlenen Früchte werden zunächst auf ein Seihtuch gegeben, das man an den vier Beinen eines umgekehrten Hockers befestigt.

Der durch das Mahlen frei gewordene Saft kann so ohne Mühe ablaufen. Danach wird der restliche Früchtebrei mittels Handdruck angepresst. Eine Haushaltszentrifuge, die oft als Zusatzgerät zur Küchenmaschine gehört, erleichtert die restliche Entsaftung wesentlich. Auf jeden Fall werden Saftspritzer vermieden.

Der Saft ist sehr anfällig gegen Essigbakterien. Sie sind überall dort vorhanden, wo mit Obst umgegangen wird. Der Saft sollte also noch am gleichen Tag verarbeitet oder nach den bekannten Methoden haltbar gemacht werden. Einen ausreichenden Schutz gewährt auch ein Zusatz von höherprozentigem Alkohol (bei 45 Vol.-% mindestens 200 ml auf 1 Liter Saft), der später bei der Likörbereitung berücksichtigt werden muss.

Im Dampfentsafter gewonnener Fruchtsaft ist bei der Likörbereitung auch einsetzbar. Bei seiner Verwendung sollte jedoch Folgendes berücksichtigt werden:

Durch die für die meisten Dampfentsafter empfohlenen Zusätze von Zucker und Wasser entsteht eine Saftmischung. 1 Liter dieser Mischung setzt sich ungefähr zusammen aus:

650 ml Fruchtsaft aus etwa 1,2 kg Frucht
85 ml Zucker = 135 g
265 ml Wasser

Diese in der Saftmischung enthaltenen Zucker und Wassermengen sind bei der Rezeptgestaltung zu berücksichtigen. Die durch eigene Versuche ermittelten Werte von 650 ml Fruchtsaft bzw. 265 ml Wasser sind Durchschnittswerte, die je nach Fruchtart und Reifezustand schwanken.

Die Saftausbeute im Dampfentsafter beträgt 50 bis 60 %, d. h. aus 1 kg Frucht erzielt man 500 bis 600 g oder ml Fruchtsaft. Die Ausbeute bei einer guten Haushaltspresse liegt zwischen 60 % (bei Stachelbeeren) und 80 % (bei Himbeeren).

Die Saftgewinnung mit dem Dampfentsafter hat den Vorteil, dass dieses Gerät in vielen Haushalten vorhanden ist. Außerdem werden die Pektine durch die Dampfbehandlung weitgehend zerstört.

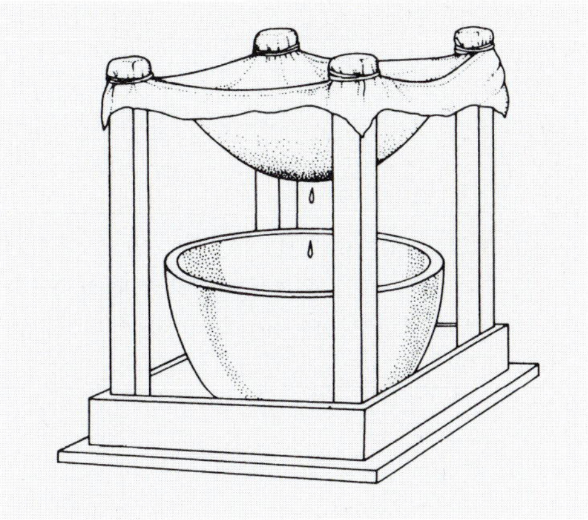

Eine altbewährte Methode: Das Seihtuch wird über einen umgedrehten Hocker gespannt.

Vergärung der Früchte

Die Vergärung der gemahlenen Früchte ist eine Möglichkeit zur Gewinnung sämtlicher flüssiger und alkohollöslicher Bestandteile. Diese Methode hat einige Vorteile wie die Zerstörung der Pektine, die Lösung der in den Schalen sitzenden Farbstoffe und alkohollöslichen Aromastoffe. Vergärung bringt allerdings eine Verschiebung des Aromas in die weinige Richtung mit sich. Es kommt auf einen Versuch an, ob diese Geschmacksänderung in Kauf genommen werden kann. Da bei der Vergärung einige Eigenheiten zu beachten sind, soll sie etwas ausführlicher beschrieben werden.

Die zerkleinerten Früchte werden in einem Topf (Milchflasche, Korbflasche oder größeres Weckglas) bei 18 bis 20 °C vergoren. Gegen die Infektion des Gärgutes durch Essigbakterien und zur Verhinderung des Luftzutritts wird ein Gärröhrchen aufgesetzt oder das Gefäß wird mit einem sauberen Tuch abgedeckt. Die Vergärung geht meistens ohne Hefezusatz vor sich. Notfalls setzt man je nach Menge einen halben bis

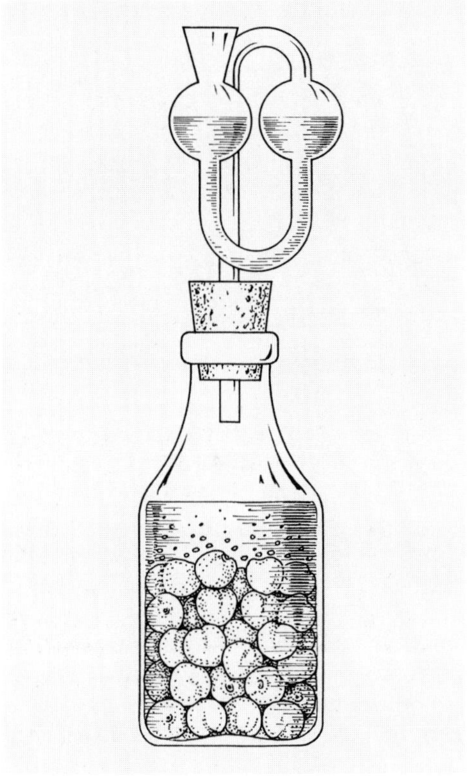

Gärgefäß mit aufgesetztem Gärröhrchen

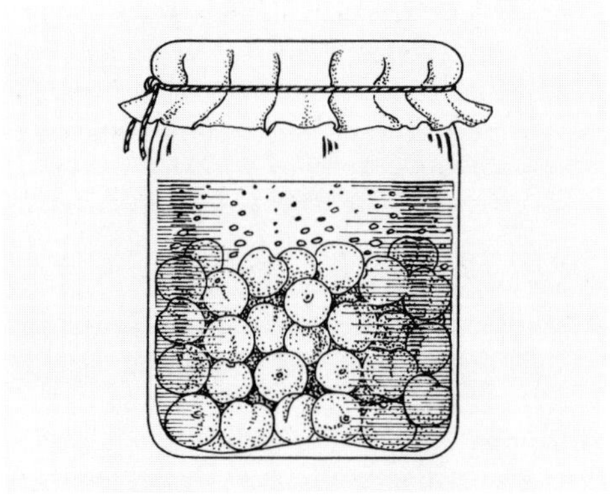

Ein mit einem Tuch abgedecktes Einmachglas ist ein Notbehelf zum Ansetzen des Gärgutes.

einen Teelöffel (etwa 2,5 g je Liter) Bäckerhefe, verteilt in etwas Saft, zu. Für den Erfolg der Vergärung sind besonders zwei Punkte peinlich genau zu beachten:

1. Das Gärgut ist äußerst anfällig gegen Essigstich. Die Essigbakterien bilden aus dem bei der Gärung entstandenen Alkohol Essig. Sie siedeln sich besondern gern auf dem so genannten Hut an. Dieser wird aus den festen Bestandteilen der gemahlenen Früchte gebildet und schwimmt nach kurzer Zeit auf der Flüssigkeit. Durch tägliches Umrühren ist dafür zu sorgen, dass der Hut zerteilt wird. Wenn man das Gärgefäß mit einem Gärröhrchen verschließt, ist die Gefahr der Essigbildung geringer. Tägliches Umrühren ist dann nicht unbedingt erforderlich.
2. Man lasse die Maische (das alkoholbildende Gärgut) nicht länger als notwendig unverarbeitet stehen. Die Gärung erkennt man an den aufsteigenden Kohlensäurebläschen. Sobald die Bläschenbildung nachlässt, ist anzunehmen, dass der Zucker im Wesentlichen vergoren ist. Dieser Vorgang spielt sich innerhalb von 5 bis 7 Tagen ab, je nach Raumtemperatur. Sicherheitshalber kann man noch folgende Probe machen: Die gleichen Mengen blanken, vergorenen Saftes, den man notfalls über ein Papierfilter gegeben hat, und reinen Sprits werden gemischt. Wenn innerhalb von 20 Minuten keine Trübung auftritt, ist die Maische durchgegoren.

Nach der Vergärung gibt man den Inhalt des Gärgefäßes auf ein Seihtuch und lässt die Flüssigkeit über Nacht ablaufen. Noch praktischer ist es, die vergorene Maische nach Ablauf der Flüssigkeit mit einem Haushaltsentsafter zu zentrifugieren. Soll der Saft nicht sofort verarbeitet werden, so füllt man ihn in Flaschen ab. Dabei sollte beachtet werden, dass die gut gereinigten und mit heißem Wasser sterilisierten Flaschen bis zum Korken gefüllt sein müssen, um Verderb (Essigstich) zu vermeiden.

Die Saftgewinnung durch Vergären ist nicht anwendbar bei Erdbeeren, Pfirsichen, Aprikosen, Ananas und sämtlichen Zitrusfrüchten. Das zarte Aroma dieser Früchte würde durch die Vergärung teilweise zerstört. Die Vergärung dieser Früchte ist auch nicht so wichtig, da es bei ihnen nicht so sehr auf den Farbstoff ankommt.

Ansetzen

Fruchtsaft allein reicht für die Bereitung eines guten Likörs nicht aus. Die Geschmacks- und Farbstoffe sind größtenteils in Schalen bzw. Beerenhäuten und Kernen eingelagert. Wenn der Fruchtsaft durch die üblichen Methoden, wie Pressen oder Dampfentsaften, gewonnen wird, müssen die Geschmacksstoffe, die hauptsächlich aus ätherischen Ölen bestehen, durch Alkohol herausgelöst werden. Man nennt dieses Verfahren „Ansetzen", fachlich „Extraktion" bzw. „Mazeration". Die Mazeration ist eines der vielen Extraktionsverfahren, wobei Inhaltsstoffe aufgeweicht (mazeriert) und anschließend herausgezogen (extrahiert) werden. In der Praxis hat sich folgende Methode für die meisten Früchte bewährt:

1. Saftgewinnung durch Pressen oder Dampf
2. Die Gewinnung der Geschmacks- und Farbstoffe durch Ausziehen mit Alkohol.

Der Vorteil dieser Methode liegt hauptsächlich darin, dass weniger hochprozentiger Alkohol eingesetzt werden muss, weil lediglich die Pressrückstände ausgezogen werden.

Wenn in einigen der folgenden Rezepte das Ansetzen der ganzen, zerkleinerten Früchte empfohlen wird, so liegt das daran, dass diese Früchte sich technisch nur schlecht pressen lassen bzw. auf diese Weise eine geschmackliche Verbesserung erzielt werden kann.

Bei der Vergärung der Früchte reicht die für die Gärung notwendige Zeit (1 bis 2 Wochen) und der dabei entstehende Alkohol meistens aus, um Geschmacks- und Farbstoffe herauszulösen. Durch die Gärung verändert sich allerdings der Geschmack in die „weinige" Richtung, die in manchen Fällen nicht die Erwartungen von einem „spritzigen" Fruchtlikör erfüllt.

Das Ansetzen der zerkleinerten, aber nicht entsafteten Früchte ist die bei der häuslichen Likörbereitung am häufigsten angewandte Art, alle wasser- und alkohollöslichen Bestandteile der Frucht mit Hilfe von Alkohol (Schnaps) zu gewinnen. Sie ist die einfachste und wirkungsvollste aller beschriebenen Methoden, wenn die Möglichkeit besteht, den Ansatz mit hochprozentigem Alkohol zu machen.

Die öligen Aroma- und Farbstoffe der Früchte lassen sich nur mit Alkoholkonzentrationen von mehr als 45 Vol.-%. befriedigend „ausziehen".

An folgendem Beispiel soll gezeigt werden, wie sich die Alkoholkonzentration vermindert, wenn man für 1 Liter Likör nur Kornbranntwein mit 40 Vol.-% verwendet:

300 ml Saft, gewonnen aus ca. 500 g Frucht und 400 ml Korn, 40 Vol.-%, entsprechend 160 ml reinem Alkohol, ergeben 700 ml Fruchtsaft-Alkohol-Mischung mit ebenfalls 160 ml reinem Alkohol.
1000 ml Fruchtsaft-Alkohol-Mischung enthalten folglich 230 ml reinen Alkohol.
Der Alkoholgehalt beträgt also 23 Vol.-%.

Wenn dieser Fruchtsaft-Alkohol-Mischung noch 300 ml alkoholfreie Zusätze, z. B. Zuckerlösung, färbende Säfte usw., beigemischt werden, hätte 1 Liter Likör einen Alkoholgehalt von 16 Vol.-%:

700 ml Fruchtsaft-Alkohol-Mischung, 23 Vol.-%, entsprechend 160 ml reinem Alkohol, und
300 ml alkoholfreie Zusätze ergeben
1000 ml Likör, 16 Vol.-%, entsprechend 160 ml reinem Alkohol.

Bei der Verwendung von Sprit mit 90 Vol.-% sieht die Alkoholkonzentration wesentlich günstiger aus:

300 ml Saft und
400 ml Sprit, 90 Vol.-%, entsprechend 360 ml reinem Alkohol, ergeben
700 ml Fruchtsaft-Alkohol-Mischung mit ebenfalls 360 ml Alkohol.
1000 ml Fruchtsaft-Alkohol-Mischung enthalten folglich 510 ml reinen Alkohol.
Der Alkoholgehalt beträgt also 51 Vol.-%.

Wenn dieser Fruchtsaft-Alkohol-Mischung noch 300 ml alkoholfreie Zusätze, z. B. Zuckerlösung, färbende Säfte usw., beigemischt werden, hätte 1 Liter Likör einen Alkoholgehalt von 36 Vol.-%:

700 ml Fruchtsaft-Alkohol-Mischung, 51 Vol.-%, entsprechend 360 ml reinem Alkohol, und
300 ml alkoholfreie Zusätze ergeben
1000 ml Likör, 36 Vol.-%, entsprechend 360 ml reinem Alkohol.

Der höhere Alkoholgehalt löst wesentlich mehr Aroma-, Geschmacks- und Farbstoffe und verleiht dem Likör eine deutlich bessere Qualität.

Um die Nachteile des niedrigprozentigen Alkohols zu umgehen, denn oft wird man nur Korn zur Verfügung haben, empfiehlt sich, wie oben gesagt, die Kombination von Pressen und Ansetzen.

Dabei werden die Rückstände aus der Saftgewinnung mit Korn, mindestens 40 Vol.-%, angesetzt.

Den Ansatz gibt man nach 14 Tagen auf ein Seihtuch oder Papierfilter. Nach Abfluss der Ansatzflüssigkeit wird soviel Wasser auf die Rückstände gegossen, bis die eingesetzte Menge Alkohol (z. B. 400 ml oder etwas mehr) erreicht ist (siehe dazu auch Seite 38). Damit ist der Extrakt fertig und der Vollendung des Werks steht nach Zusatz von Zucker, Wasser und irgendwelchen Verfeinerungen, je nach Rezept, nichts mehr im Wege.

Fruchtsäfte und -extrakte für die Likörbereitung sollte man während der Saison auf Vorrat zubereiten und haltbar abfüllen, um auch in den Wintermonaten einen guten Tropfen mischen zu können.

Drogen

Als Drogen werden bei der Likörherstellung getrocknete Gewürzpflanzen bezeichnet, die nur in kleinen Mengen Verwendung finden.

Drogenkunde ist ein derartig umfangreiches Spezialgebiet, dass ihre gründliche Besprechung ein ganzes Buch füllen würde. Es ist auch nicht der Zweck dieses Ratgebers, dem häuslichen Likörhersteller eine ausführliche Beschreibung der einzelnen Drogen zu geben. Es sollen hier lediglich allgemein gültige Gesichtspunkte, die die häusliche Likörherstellung aus Drogen betreffen, erwähnt werden. Drogen (ober- und unterirdische Pflanzenteile) sind mit ihren Aroma- und Farbstoffen die Lieferanten von Geschmack, Geruch und Farbe eines großen Teils unserer Liköre. Aber nicht nur Aroma und Farbstoff sind in den Drogen enthalten, sondern auch medizinische Wirkstoffe. Seit Jahrhunderten bringen sie den Kranken Linderung und Heilung. Die heutige Arzneimittelindustrie macht sie sich noch immer zu Nutze. Im Kräuterlikör oder im Bitter fungieren Drogen gleichzeitig als Genuss- und Heilmittel.

Unter Drogen versteht man meistens getrocknete, aromatische, teilweise auch medizinisch wirksame Pflanzenteile. Die Pflanzen bilden zur Abwehr bestimmter tierischer Feinde, niederer Pilze, von Trockenheit, Kälte, Hitze und im Dienst der Fortpflanzung die hier interessierenden Wirkstoffe, wie organische Säuren, antiseptische Verbindungen, Alkaloide, Gerbstoffe, Farbstoffe, scharf bittere und beißende Stoffe, Harze und die wichtigen, stark riechenden ätherischen Öle.

Alle diese Stoffe sind in Wasser oder Alkohol in bestimmten Verhältnissen löslich. So ist es möglich, durch die richtige Wahl der Alkoholkonzentration die jeweils gewünschten Aroma- und Farbstoffe sowie die medizinischen Wirkstoffe aus den Drogen zu lösen (extrahieren).

Es kann jedoch der Fall sein, dass trotz der im Verhältnis richtigen Alkohol-Wasser-Mischung auch ein Teil der manchmal störend wirkenden Bitterstoffe gelöst wird, weil das Lösungsverhältnis dieser Bitterstoffe gleich groß wie das der gewünschten Aromastoffe ist.

Hier bedient sich der Fachmann eines physikalischen Vorgangs, der Destillation. Dabei werden nur die flüchtigen Aromastoffe gewonnen, während die Bitter- und Farbstoffe zurückbleiben. Leider ist diese Methode für den häuslichen Likörbereiter zu aufwändig. Die apparatemäßige Ausstattung für die Destillation ist ziemlich kostspielig. Außerdem verlangt die Destillation einen Fachmann mit langjähriger Erfahrung.

Vereinzelt kann man in Apotheken und bei Spezialversendern auch fertige Likördestillate kaufen. Diese kann der Likörbereiter zur Herstellung z. B. von Curaçao- oder Nusslikör mit großem Vorteil verwenden. Verarbeitungsanweisungen sind meistens beigefügt. Die käuflichen Likördestillate sind nicht zu verwechseln mit den vielerorts erhältlichen Liköressenzen. Diese Art von Likörgrundstoff besteht in der Hauptsache aus Ölen und entspricht nicht immer den Erwartungen. Nur die billigsten der industriell erzeugten Liköre werden aus Ölkompositionen hergestellt. Eine Droge besteht eben nicht nur aus ihrem ätherischen Öl. Der gewissenhafte Fachmann und der um Qualität bemühte häusliche Likörhersteller werden immer zu der ganzen Frucht oder Droge greifen und daraus ihren Likör bereiten.

Oft gelangt man auch ohne Destillation zu recht zufrieden stellenden Getränken. Meistens genügt ein alkoholischer Auszug (Mazerat), um Geschmacks- und Wirkstoffe zu isolieren.

Man sollte bedenken, dass Drogen natürliche Produkte sind. Ihr Gehalt an Geschmacks-, Geruchs- und Wirkstoffen wird von Fall zu Fall verschieden sein, je nach Lebensbedingungen. Dazu kommt, dass man beim Kauf von getrockneten Kräutern (Drogen) niemals erfährt, wie lange diese Pflanzenteile schon gelagert wurden. Lagergefäße und Lagertemperatur spielen dabei ebenfalls eine große Rolle.

Deshalb ist zu empfehlen, den Drogenextrakt für mindestens 2 Liter Likör zuzubereiten. Sollte der Geschmack beim fertigen Likör unbefriedigend sein, so kann man dann immer noch etwas Extrakt zugeben, um Geschmack und Geruch zu verstärken.

Es kommt nun auf den Leser an, welchen Kräuterlikör oder Magenbitter er herstellen möchte. Um ihm die Wahl etwas zu erleichtern, werden nachstehend einige medizinisch wirksame Drogen beschrieben.

Die Verwendung frischer oder getrockneter Pflanzenteile (Drogen) spielt bei der Likörbereitung eine wichtige Rolle. Berühmte Bitterliköre wie Angostura, Boonekamp, Fernet, Campari und Kräuterliköre mit bekannten Namen wie Chartreuse und La Bénédictine verdanken ihren Geschmack und ihre diätetische Wirkung diesen Drogen. Beispiele für die Zusammensetzung einiger Bitter- und Kräuterliköre befinden sich im Rezeptteil. Sie sollen Anregungen für eigene Versuche sein.

Geschmacksstoffe und ihre Wirkung

Die Geschmacksstoffe der unterschiedlichen Pflanzenarten können sich auf verschiedenartige Weise auf den Organismus auswirken.

Wurzeln

Angelika: appetitanregendes, sekretförderndes Magenmittel.

Arnika: anregend, auf das Gefäßsystem wirkend, harn- und schweißtreibend, entzündungshemmend.

Baldrian: beruhigend, schlaffördernd, krampflösend.

Enzian, gelber: verdauungsanregend, magenstärkend, beruhigend

Ingwer: magenstärkend und appetitanregend.

Liebstöckel: harntreibend, krampf- und schleimlösend.

Kalmus: kräftigend, blutbildend, gegen Durchfall und Übelkeit.

Rhabarber: abführend.

Süßholz: hustenmildernd, harntreibend, abführend.

Kräuter (Blätter, auch mit Blüten und Stängel)

Artemisia-Arten (Wermutkraut, Beifuß): gegen Magenbeschwerden und Verdauungsstörungen. Bei stärkerem, regelmäßigem Genuss gewisse chronische Vergiftungserscheinungen des Nervensystems.

Bitterklee (Fieberklee, Dreiblatt): drüsenanregend, nervenberuhigend, wurmtreibend.
Melisse, Zitronenmelisse: schmerz- und krampfstillend, beruhigend, schweißtreibend.
Pfefferminze: belebend, erfrischend, nervenstärkend, krampflösend, gegen Magen- und Darmkatarrh.
Rosmarin: nervenanregend.
Salbei: gegen Verschleimungen, Magen- und Darmstörungen.
Thymian: gegen Husten und Katarrh, nierenanregend.
Ysop: belebend, schleimverflüssigend.

Blüten
Arnika: gegen Erschöpfungszustände, Herzbeschwerden, Gicht, Rheuma und infektiöse Erkrankungen.
Kamille: enzündungshemmend, keimtötend, gegen Blähungen, krampflösend, schweißtreibend.

Samen und Früchte
Anis: magenstärkend, hustenmildernd.
Fenchel: gegen Husten, Heiserkeit und Darmbeschwerden.
Heidelbeeren: adstringierend, gegen Durchfall.
Kümmel: gegen Magen- und Darmbeschwerden.
Wacholderbeeren: magenstärkend, harntreibend und gegen Steinleiden.
Muskatnuss: zur Geschmacksverbesserung (Gewürz).

Rinden
Angostura: gegen Magenbeschwerden und Fieber.
Chinarinde: gegen Fieber, besonders gegen Malaria.
Zimt: magenstärkend, stopfend.

Um die genannten Drogen nach ihren Inhaltsstoffen (Geschmack, Geruch, medizinische Wirkung) einordnen zu können, soll folgende Übersicht helfen:

- Drogen, die überwiegend wegen ihres Gehalts an ätherischem Öl zur Aromatisierung Verwendung finden:
Kardamom, Muskat, Zimt, Nelken, Orangenschalen, Sternanis, Vanille, Zitronenschale, Zittwerwurzel.
- Medizinisch wirksame Drogen, die den Erzeugnissen eine heilende oder wenigstens diätetische Wirkung verleihen:
Angelikasamen und -wurzeln, Anis, Arnika, Beifuß, Basilikum, Fenchel, Iriswurzeln, Kalmus, Kamille, Koriander, Kümmel, Lavendel, Majoran, Pappelknospen, Rainfarn, Rosmarin, Salbei, Thymian, Waldmeister, Ysop.
- Bitterdrogen, die bei medizinischen Bittern Verwendung finden und die man allgemein nur wegen ihrer gesundheitlichen Wirkung zu trinken pflegt:
Angosturarinde, Baldrian, Chinarinde, Rhabarber, Wermut.
- Bitterdrogen, für Kräuterbitter nicht nur zu medizinischen Zwecken:
Aloe, Bitterklee, Enzianwurzeln, Kardobenediktenkraut (Bitterdistel), Quassia (Bitterholz), Tausendgüldenkraut.
- Scharf schmeckende Drogen, die bei Likören, vor allem bei Bitter, einen gewissen brennend-wärmenden Geschmack verursachen:
Galant, Ingwer, Kubeben.
- Drogen, die einen erfrischenden Geschmack verursachen:
Pfefferminze, in geringerem Maß auch Kardamom, Thymian.
- Gerbstoffdrogen mit herben, zusammenziehenden Geschmacksstoffen:
Heidelbeeren, Kakao, Kolanuss, Zimt.
- Fetthaltige Drogen, deren hoher Gehalt an fettem Öl (nicht zu verwechseln mit dem

ätherischen Öl) die Klarheit des fertigen Likörs stark beeinflussen:
Anis, Fenchel, Kümmel, Kakaobohnen, Muskat.

Die Aufzählung ist natürlich nicht vollständig, sie zeigt aber doch, dass viele Kräuterelixiere im Mittelalter aus der Absicht entstanden sind, medizinische Wirkungen zu erzielen.

Um sie appetitlicher zu machen, wurden im Laufe der Jahrhunderte aromatische Drogen und Zucker hinzugefügt. So entstanden die Kräuterliköre, wie man sie heute kennt.

Die Beschaffung der Kräuter und mancher Gewürze bereitet leider einige Schwierigkeiten. Apotheken halten Drogen kaum noch vorrätig, weil die Qualität durch die Lagerung stark abnimmt. Zudem ist die Nachfrage nach medizinisch wirksamen Kräuter- und Drogenzubereitungen sehr zurückgegangen. Kräuter werden jedoch in Tee- und Bioläden, Reformhäusern und auf den Wochenmärkten häufiger angeboten.

Der häusliche Likörhersteller bereitet und trinkt den Kräuterlikör nicht nur wegen seines Gehalts an medizinischen Wirkstoffen, sondern um sich auch am Wohlgeschmack der Kompositionen zu erfreuen. Außerdem ist es schwierig zu entscheiden, wem die erwünschte Wirkung zuzuschreiben ist, den Drogen, dem Alkohol, der Freude über das gelungene Werk oder allen genannten Faktoren zusammen.

Bereitung von aromatischen Auszügen

Von den verschiedenen Methoden zur Gewinnung von Aroma, Wirkstoff und Farbe aus der Droge für die Likörbereitung steht dem häuslichen Hersteller leider nur ein Verfahren offen, die Mazeration. Die sonst noch gebräuchlichen Methoden sind von kostspieligen Geräten und größerer Erfahrung abhängig.

So ist auch für die Wahl der Liköre ein gewisser Rahmen gesteckt. Aber durch geschickte Anwendung der Mazeration lassen sich gewisse Vorzüge, die z. B. der Destillation eigen sind, annähernd erreichen. Die Mazeration ist das Ausziehen der Inhaltsstoffe der Drogen und Früchte durch die Lösungsmittel Alkohol und Wasser. Wichtig dabei ist die Konzentration des Alkohols, des Sprits. Sie richtet sich in erster Linie nach dem Wassergehalt der Drogen. Wasserhaltige frische Pflanzenteile, z. B. frische Zitronenschalen oder frische Kräuter, werden mit hochprozentigem Sprit von 70 bis 96 %, alle trockenen Drogen mit 40- bis 60 %igem Sprit ausgezogen.

In höherprozentigem Sprit gehen besonders alkohollösliche Stoffe wie ätherische Öle, Fette und Harze, in niedrigprozentigem Sprit dagegen mehr wasserlösliche Substanzen wie Gerbstoffe, Bitterstoffe, Säuren, Stickstoffverbindungen und Kohlenhydrate in Lösung. Bitterstoffe sind aber nicht immer erwünscht. Hier verwendet man einen stärkeren Ansatzsprit. Bei zu hohem Alkoholgehalt werden leider auch Stoffe gelöst, die infolge ihrer zu geringen Löslichkeit in niedrigprozentigem Sprit, besonders bei der späteren Verarbeitung, wieder ausgeschieden werden und dann zu schwer entfernbaren Trübungen Anlass geben. Man sieht, die Alkoholkonzentration für den Ansatz ist eine Wissenschaft für sich. Bei den nachfolgenden Rezepten werden günstige Alkoholstärken für den Ansatzsprit genannt. Sollte der häusliche Likörhersteller einmal eigene Rezepte ausprobieren wollen, so fährt er am besten, wenn er für den Ansatzsprit eine Mischung von Sprit und Wasser im Verhältnis 1 : 1 bereitet.

Die Zeitdauer der Mazeration ist vom Material abhängig. Bei lebendfrischen Drogen genügen oft schon wenige Stunden, um das wertvollste Aroma zu gewinnen. Getrocknete Drogen benötigen in der Regel 2 bis 8 Tage, weil das Aufweichen selbst noch eine gewisse Zeit dauert. Auch hier enthalten die Rezepte genaue Hinweise. Die Drogen sollten gleichmäßig zerkleinert sein. Als Ansatzgefäß benutzt man am zweckmäßigsten ein Glas- oder Steinzeuggefäß, das man verschließen kann. Auch sollen die Drogen nicht am Boden, sondern im oberen Teil der Flüssigkeit liegen. Der spezifisch schwerere Extrakt hat so die Möglichkeit, zu Boden zu sinken und sich hier anzusammeln, während die Drogen selbst immer wieder mit ungesättigtem Sprit in Berührung kommen können. Es handelt sich bei der Mazeration um einen Diffusionsvorgang, bei dem ein ständiger Austausch des im Inneren der Drogenzelle befindlichen, mit Extraktstoff angereicherten Sprits mit neu eindringender, noch ungesättigter Flüssigkeit vor sich geht, bis schließlich der Hauptteil der löslichen Stoffe ausgezogen ist. Es ist daher vorteilhaft, das Auszugsgut auf einem Einhängesieb oder in einem Leinenbeutel in einiger Entfernung über dem Boden des Gefäßes zu lagern.

Das Mengenverhältnis zwischen Ansatzgut und Ansatzsprit beträgt gewöhnlich 1 : 5 bis 1 : 10, je nach Volumen der Drogen.

Zur Wiedergewinnung des Ansatzsprits, der sich noch in den ausgelaugten Drogen befindet, genügt meistens ein Auspressen

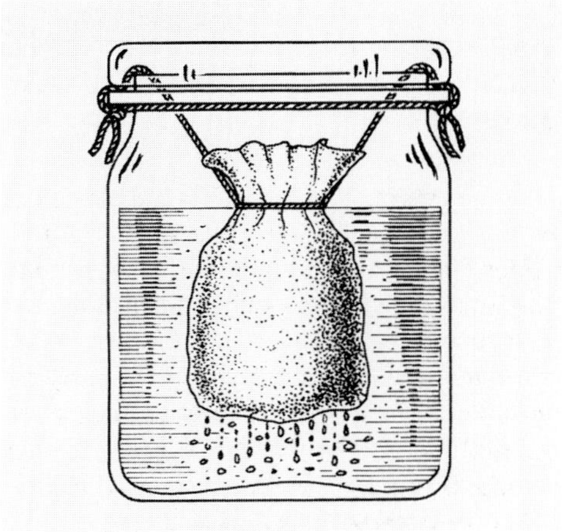

Mullsäckchen mit Drogen im Ansatzgefäß

mit der Hand. Wenn größere Mengen extrahiert werden, macht sich eine Haushaltszentrifuge oder sogar eine Tinkturenpresse bald bezahlt.

Der von den ausgelaugten Drogen einbehaltene Sprit lässt sich teilweise durch eine Nachmazeration mit Wasser zurückgewinnen. Jedoch besteht hier die Gefahr der Gewinnung von wasserlöslichen, bitteren Stoffen, die geschmacklich nicht immer erwünscht sind. Das Nachmazerat muss allerdings sofort verarbeitet werden, da es verderblich ist. Alkoholmäßig ist es als Wasser zu bewerten. Es ist empfehlenswert größere Drogenansätze, also nicht nur für einen Liter Likör, zuzubereiten. Der Extrakt ist lange Zeit haltbar, weil er alkoholhaltig ist. Außerdem können sich Trubstoffe in Ruhe absetzen.

Geräte

Wie zu jedem Handwerk, so gehören auch zur Likörbereitung spezielle Arbeitsgeräte. Ein Maurer kann ohne Wasserwaage und Lot keine ordentliche Mauer errichten. Ein Likörhersteller, auch wenn er es nur als Hobby betreibt, kann ohne geeignete Messgeräte kein harmonisch abgestimmtes Getränk bereiten.

Waage

Das Wiegen von Drogen (getrockneten Pflanzenteilen) wird der Apotheker oder Drogist, der die Drogen verkauft, übernehmen. Wer öfter kleine Mengen abzuwiegen hat, sollte sich aber eine einfache Präzisionswaage anschaffen. Geeignete Küchenwaagen, die 0,1 g genau wiegen, findet man in guten Haushaltswarengeschäften. Noch genauere Waagen bieten Spezialversender an (s. Bezugsquellen, Seite 109).

Messgläser und Messbecher

Zum Messen von Flüssigkeiten werden Messgläser bzw. -becher verwendet, aus Glas oder Plastik mit Markierungen. Je größer das Volumen des Messgefäßes ist, desto gröber ist die Teilung (nach Milliliter ml, früher ccm). Messgläser sind stärker unterteilt und genauer als Haushaltsmessbecher.

Zum Messen von Kleinstmengen (unter 50 ml) benutzt man Messgläser oder Pipetten. Mit einer 1-ml-Pipette kann man bis zu 1/10 000 Liter (0,0001 l) messen. Bedient werden diese zylindrischen, kalibrierten Glasröhrchen durch Ansaugen der zu messenden Flüssigkeit. Nach dem Ansaugen verschließt man die Ansaugöffnung mit dem Zeigefinger. Was noch an Flüssigkeit über der gewünschten Marke steht, lässt man durch vorsichtiges Anheben des Zeigefingers abfließen. Das Einstellen der Flüssigkeitssäule in diesem Präzisionsinstrument geschieht am besten in Augenhöhe.

Da das Arbeiten mit Hohlmaßen im Haushalt nicht so oft vorkommt, wird hier die Umrechnung der alten, aber im Haushalt noch gebräuchlichen Maße in die internationale Einheit ml (Milliliter) aufgeführt:

1,0	oder	1 Liter	=	1000 ml
0,1	oder	1 Deziliter (dl)	=	100 ml
0,01	oder	1 Zentiliter (cl)	=	10 ml

Korkbohrer

Ein Korkbohrer leistet gute Dienste, wenn man ein Loch durch einen Korken schneiden möchte. Der Schneidesatz besteht aus mehreren Rundschneidern mit verschiedenen Durchmessern und einem Schärfgerät.

Trichter

Zur Vervollständigung gehören 1 bis 2 Trichter in verschiedenen Größen. Sehr geeignet sind Trichter aus Glas oder Plastik, das allerdings alkoholbeständig sein muss. Trichter aus Metall, außer aus Edelstahl, sind nicht geeignet, da Fruchtsäuren Metalle angreifen.

Filter

Für die Filtration benötigt man Papierfilter, am besten Faltenfilter, weil diese nicht an der Trichterwand ankleben und so die Filterfläche einschränken. Es gibt sie in verschiedenen Größen und Durchlässigkeitsgraden zu kaufen. Die Abbildungen auf den Seiten 42 und 43 zeigen, wie man Faltenfilter aus Filterpapierbögen (58 cm × 58 cm) selbst anfertigen kann. Die Größe des Papierfilters richtet sich nach der Größe des vorhandenen Trichters. Für einen Trichter mit einer Seitenlänge von 15 cm (gemessen vom Rand bis zur Verengung) benötigt man einen Papierfilter von 30 cm Durchmesser.

Geräte zum Zerkleinern der Früchte

Für das Zerkleinern von Früchten und Drogen eignen sich die meisten Küchenmaschinen. Mit Hilfe der rotierenden Messer werden alle Arten von Obst und getrockneten Pflanzenteilen gleichmäßig zerkleinert. Um ein Erhitzen der trockenen Drogen während des Zerkleinerns zu vermeiden, aber auch um sperriges Gut an die Messer heranzuführen, gibt man gleichzeitig den Ansatzbranntwein in den Mixbehälter. Wenn dieser Mixbecher aus Glas besteht, kann man den Zerkleinerungsgrad gut feststellen. Das Zerkleinern sollte so lange fortgesetzt werden, bis alle Drogen oder Früchte gleichmäßig zerschnitten sind. Bei kleinen getrockneten Pflanzenteilen, wie Samen usw., kann man auch einen Mörser verwenden.

Flaschen und Korken

Zum Aufbewahren von Kräuterauszügen und anderen Extrakten sollten möglichst dunkle Flaschen mit geruchsfreien Korken bzw. Schraubverschlüssen verwendet werden. Kunststoffbehälter eignen sich nicht zur Aufbewahrung von alkoholhaltigen Flüssigkeiten über 20 Vol.-%.

Seihtuch, Filterbeutel

Zum Auspressen von Früchten oder angesetzten Kräutern genügt meist ein Seihtuch oder Filterbeutel, die man mit den Händen möglichst trocken drückt. Dabei ist es wichtig, dass die Hände geruchfrei sind.

Bevor man an das Pressen geht, kann man die Flüssigkeit freiwillig ablaufen lassen, in dem man z. B. das Seihtuch an Stuhlbeinen befestigt, wie es die Abbildung auf Seite 31 zeigt. Dabei spart man Kraft und vermeidet Spritzer. Das Ablaufen sollte aber nicht länger als eine halbe Stunde dauern, um Qualitätseinbußen durch Lufteinfluss zu vermeiden.

Im Haushaltswarenhandel gibt es grobmaschige Beutel zum Passieren schwer pressbarer Fruchtmaischen und Filterbeutel aus Gewebe zur Gewinnung klarer Fruchtsäfte. Aber auch ein Mulltuch kann unter Umständen ausreichen.

Klebeetiketten

Nützlich ist ein kleines Heftchen mit Aufklebezetteln. Jede Flasche sollte ein Etikett tragen, auf dem der Inhalt und das Datum der Zubereitung vermerkt sind. Vor allem in den Zwischenstadien ist die Beschriftung mit Datum und Mengen sehr wichtig.

Die beschriebenen Geräte kann man im Fachhandel (Laborgerätehandlung, Kellereibedarfsartikel) kaufen. Adressen finden sich meistens in den „Gelben Seiten“ oder Branchenbüchern unter Laborbedarf, Kellereibedarf, Drogeriewaren.

Anleitung für das Falten eines quadratischen Filterpapiers zum Faltenfilter

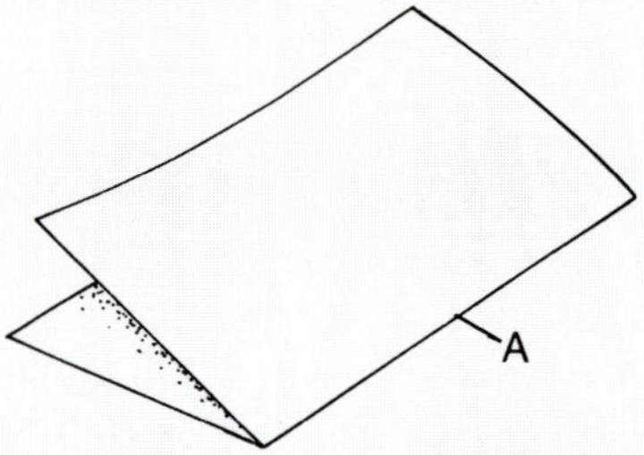

1 *Ein quadratisches Stück Filterpapier wird zur Hälfte geknickt. Es entsteht der Knick A.*

2 *Das Filterpapier wird nochmals geknickt und wieder aufgeklappt. Dabei bleibt die Ecke P, wie auch bei weiteren Falzen, stets auf dem Tisch liegen.*

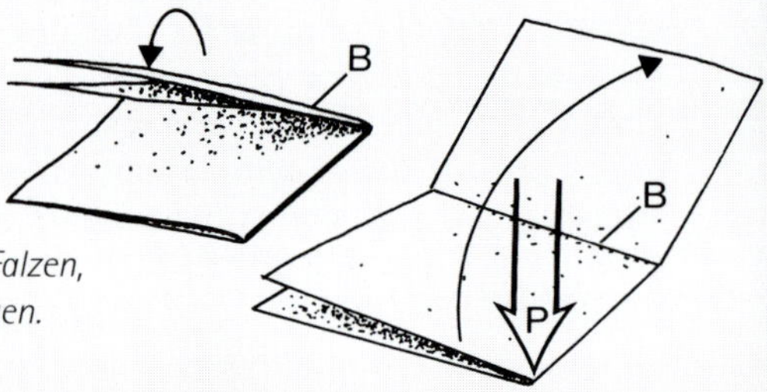

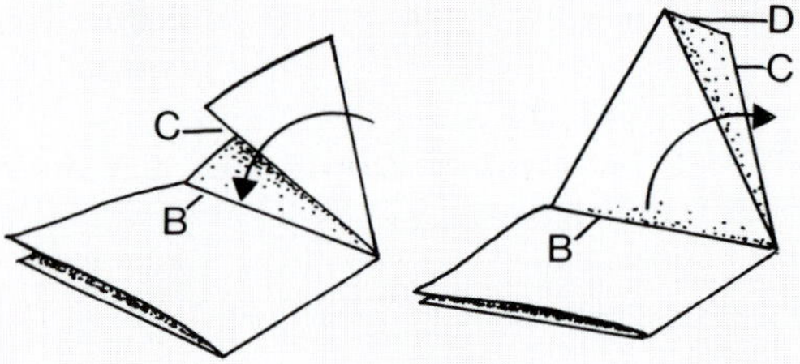

3 *Die Kante C auf den Knick B legen und zurückklappen. Es entsteht der Knick D.*

4 *Die Kante C auf den Knick D legen und dann über die gestrichelt angedeutete Bruchkante E zurückklappen.*

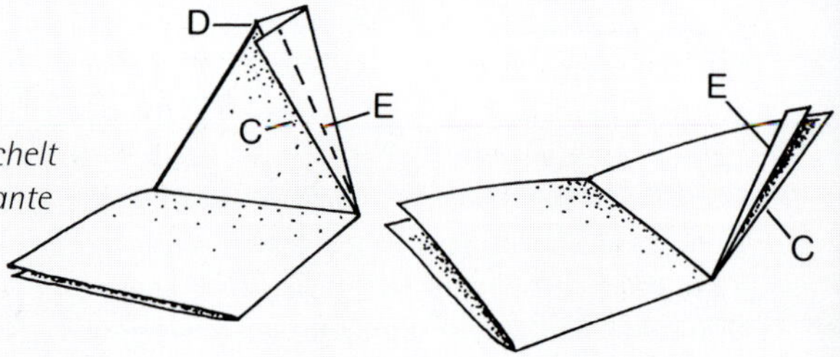

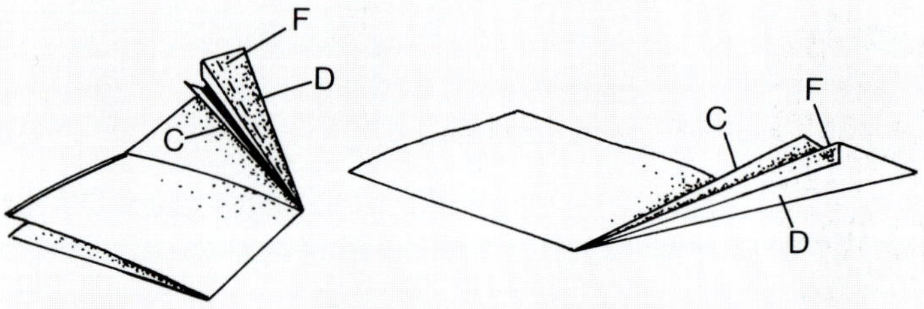

5 *Die bisherigen Lagen um den schon vorhandenen Knick D klappen. Die Kante C um den gestrichelt angedeuteten Knick F zurückklappen.*

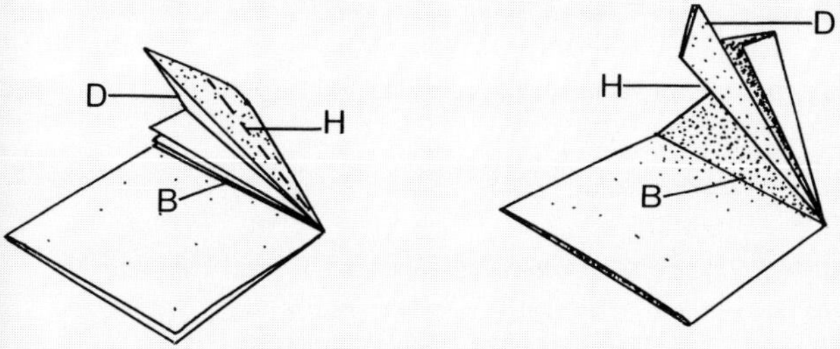

6 *Die Kante D auf den Knick B legen und um den neuen Knick H zurückklappen.*

7 *Die bisherigen Lagen um den vorhandenen Knick B klappen und um den neuen Knick J zurückklappen.*

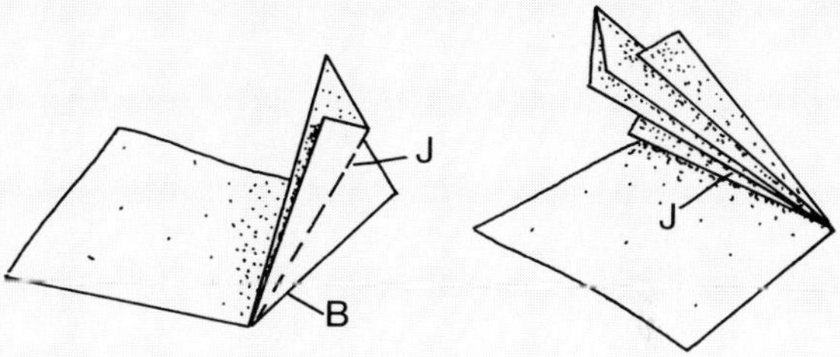

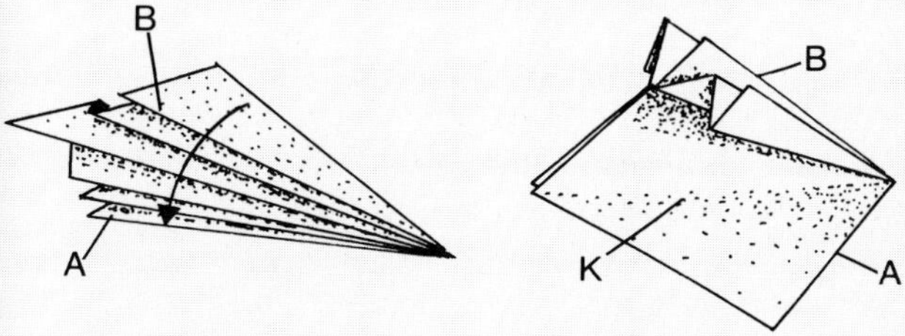

8 *Die Kante B auf die Kante A legen und zurückklappen. Es entsteht Knick K.*

9 *Nun wiederholen sich die Knicke aus dem vierten bis sechsten Bild. Zu Begradigung des oberen Randes wird das Faltenfilter abgeschnitten.*

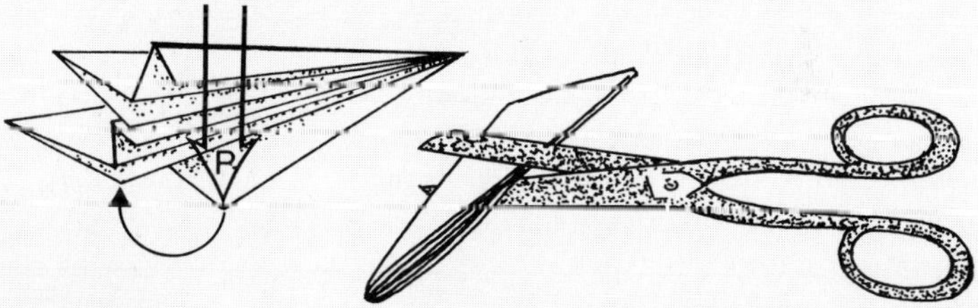

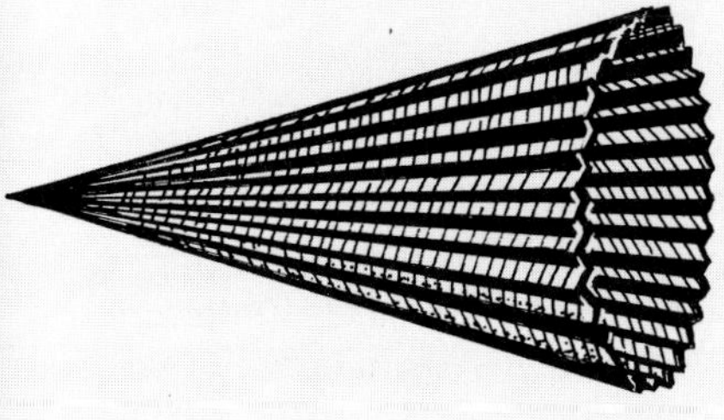

10 *Das aufgeklappte, fertige Faltenfilter.*

Alkoholberechnung

Der fertige Likör, bereitet nach den folgenden Rezepten, wird annähernd den Alkoholgehalt aufweisen, der neben der Bezeichnung vermerkt ist. Das kann natürlich nur der Fall sein, wenn der Alkoholgehalt der Bestandteile mit dem in der Rezeptur angegebenen Alkoholgehalt übereinstimmt. Vermutlich wird das nicht immer der Fall sein. Darum sollte sich der häusliche Likörbereiter ein wenig mit der Alkoholberechnung vertraut machen.

Bei dieser Gelegenheit soll auf eine Tatsache aufmerksam gemacht werden, die sich ergeben kann, wenn keine Messgeräte verwendet werden. Beim Mischen von Alkohol und Wasser entsteht eine Volumenminderung. Der Fachmann nennt sie „Kontraktion". Ein Beispiel soll diesen Vorgang veranschaulichen: 5 Liter Sprit mit 96 Vol.-% und 5 Liter Wasser werden gemischt. Dabei entstehen nicht 10 Liter, sondern nur 9,643 Liter Mischung, die nicht 48 %, sondern 49,5 % aufweist. Außerdem erwärmt sich die Flüssigkeit. Die dabei stattfindende Volumenminderung ist für jedes Mischungsverhältnis verschieden und man hat Tabellen aufgestellt, nach denen diese Verminderung ausgeglichen werden kann.

Für den Hausgebrauch ist die ganze Angelegenheit dadurch ausschaltbar, dass man Messbecher oder -gläser verwendet und die fehlende Flüssigkeitsmenge durch Zusatz von Wasser ausgleicht.

Nun aber ein paar Beispiele zur Alkoholberechnung, die jeder beherrschen sollte und die viel zum Gelingen beitragen kann.

Zur Erklärung des Begriffs Liter reiner Alkohol, abgekürzt l r. A.:

1 Liter reiner Alkohol besteht zu 100 % aus Alkohol. Da es diesen 100 %igen Alkohol in der Praxis nicht gibt (siehe Seite 19), verwendet man Alkohol mit 96 Vol.-%, auch Sprit genannt. 1 Liter Sprit besteht also aus 0,96 Liter reinem Alkohol und 0,04 Liter Wasser.

Berechnungsbeispiele

Aufgabe A

Es sollen 3 l Kirschlikör 30 Vol.-% (= 0,3 l r. A./l) hergestellt werden. Die „Alkohollieferanten" sollten Sprit 96 Vol.-% und vergorener Kirschsaft 5 Vol.-%, 0,250 l für 1 l Likör, sein.

Alkoholbedarf: 3 l x 0,3 l r. A.	=	0,9 l r. A.
Alkohol aus Kirschsaft:		
5 Vol.-% oder 0,05 l r. A./l.:		
3 x 0,250 l = 0,7850 l x 0,05 l r. A.	=	-0,0375 l r. A.
Restmenge		0,8625 l r. A.
aus Sprit, 96 Vol.-% oder 0,96 l r. A./l:		
$\frac{0,8625}{0,96}$ = 0,898 l entsprechend		0,8625 l r. A.

Ergebnis: Für 3 l Kirschlikör werden 0,898 oder, aufgerundet, 0,9 l Sprit benötigt.

Aufgabe B

Herabsetzen des Alkoholgehalts.
Zur Erläuterung der Aufgabe wird angenommen, dass versehentlich die doppelte Menge Sprit verwendet wurde. Der Fehler stellt sich unter anderem durch Mehrmenge

beim zubereiteten Likör dar. Die 3 l Kirschlikör aus dem vorherigen Beispiel ergaben statt 3 l bei der Endkontrolle 3,9 l und damit statt 0,9 l r. A. jetzt 1,8 l r. A. Durch Zusatz von alkoholfreien Flüssigkeiten wie Saft, Zuckerlösung und Wasser soll der Alkoholgehalt auf 30 Vol.-% herabgesetzt werden.

Vorhandene Alkoholmenge in 3,9 l Likör = 1,8 l r. A.
Alkoholmenge ist ausreichend für wie viel l Likör 30 Vol.-%?

$\frac{1,8}{0,3} = 6$ l Likör.

Zusätzliche Menge an Saft (ohne Anrechnung des Alkoholgehalts), Zuckerlösung und Wasser (im Rahmen der ursprünglichen Verhältnisse):

Endmenge	6,0 l
fehlerhafter Likör	-3,9 l
Zusatzmenge	2,1 l

Aufgabe C

Heraufsetzen des Alkoholgehalts.
Es wird angenommen, dass der gewünschte Alkoholgehalt durch versehentlichen Zusatz von 1 l Wasser verfehlt wurde. Der Fehler stellt sich durch Mehrmenge beim zubereiteten Likör und einen spürbar geringeren Alkoholgeschmack dar. Aus den vorgesehenen 3 l Likör des Beispiels A sind 4 l entstanden. Der Likör hat jetzt einen Alkoholgehalt von 0,9 : 4 = 0,225 l r. A. oder 22,5 Vol.-%. Der Fehler soll mit Sprit 96 Vol.-% ausgeglichen werden.

Berechnung der Wirksamkeit des Verstärkungsalkohols:

96 (% Sprit) – 30 (% gewünschter Alkoholgehalt) = 66 (wirksame Alkoholmenge in % oder 0,66 l r. A./l). Diese 0,66 l r. A./l sind im Fall seiner Verwendung als Verstärkungsalkohol in 1 l Sprit 96 Vol.-% wirksam. Die anderen 0,30 l r. A. werden zur Aufstärkung der Volumenvermehrung um 1 l benötigt.

Berechnung der zusätzlichen Spritmenge:

Benötigte Alkoholmenge:	
4 l Likör x 0,3 l r. A.	= 1,2 l r. A.
Vorhandene Alkoholmenge:	
4 l Likör x 0,225 l r. A.	= 0,9 l r. A.
Fehlende Alkoholmenge:	0,3 l r. A.
Verstärkungsalkohol 66 % oder 0,66 l r. A./l:	

0,3 lr. $= \frac{0,3}{0,66} = 0,45$ l Sprit.

Kontrolle:

4 l	Likör	22,5 Vol.-%	= 0,9 l r. A.
+ 0,45 l	Sprit	96 Vol.-%	= 0,43 l r. A.
4,45 l	Likör		= 1,33 l r. A.

oder $\frac{1,33 \text{ l r. A.}}{4,45 \text{ l}}$ = 0,3 l r. A.
oder 30 Vol.-%.

Aufgabe D

Bei der Bereitung von Kirschlikör wie in Aufgabe A soll zusätzlich Kirschwasser verwendet werden.

Alkohollieferanten: Sprit wie A, zusätzlich 0,05 l (50 ml) Kirschwasser 50 Vol.-% je 1 l Likör.

Mengenberechnung:	
Kirschwasser 50 % oder 0,5 l r. A./l:	
für 1 l Likör 0,05 l x 0,5 l r. A.	= 0,025 l r. A.
für 3 l Likör 0,15 l x 0,5 l r. A.	= 0,075 l r. A.
Alkoholmenge gesamt	0,9 l r. A.
davon abzuziehen	
aus 0,15 l Kirschwasser	-0,075 l r. A.
Restmenge aus Sprit	-0,825 l r. A.
Sprit 96 Vol.-% oder 0,96 l r. A./l:	
$\frac{0,825}{0,96} = 0,86$ l entsprechend	0,825 l r. A.

Mit diesen Berechnungen kommt der häusliche Likörbereiter aus.

Es ist bekannt, dass Alkoholrechnungen den weniger Geübten Mühe bereiten. So mag es denen, die eine Aufgabe nicht gleich beim ersten Anlauf schaffen, ein Trost sein, dass auch Fachleute, besonders während der Ausbildung, mit den Berechnungsmethoden zu kämpfen haben. Es bleibt nur zu wünschen, dass möglichst wenig Fehler beim Messen der einzelnen Mengen gemacht werden. Außerdem ist es kein Beinbruch, wenn ein Likör statt 30 nur 22,5 Vol.-% hat.

Natürlich gibt es auch Möglichkeiten, den Alkoholgehalt zu messen. Leider verlangen auch die einfachsten Methoden ein umfangreiches Instrumentarium und viel Sachkenntnis. In der häuslichen Praxis ist man daher auf sorgfältige Arbeit angewiesen, um den gewünschten Erfolg zu haben.

Rezepte

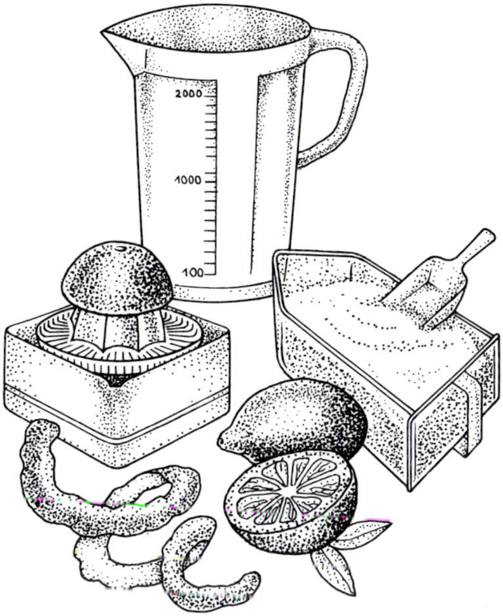

Abteilikör

Der Abteilikör ist ein typischer Klosterlikör. Man wählte meistens die Destillation zur Aromagewinnung, um jegliche Bitterstoffe auszuschalten. Wen eine herbere Note nicht stört, der kommt bei geschickter Mazeration auch so zu einem guten Tropfen. Dazu ist unbedingt wichtig, dass die unten angegebenen Mazerationszeiten eingehalten werden, sonst gelangen zusätzliche Bitterstoffe in den Likör. Es werden zwei Drogenansätze durchgeführt, Ansatz A mit 18 Stunden und Ansatz B mit 5 Tagen Extraktionsdauer. Für 1 Liter Likör werden folgende getrocknete Drogen benötigt:

Ansatz A

2,5 g	Melissenblätter
2,5 g	Pappelknospen
2,5 g	Pfefferminzblätter
2,5 g	Ysopkraut
0,7 g	Arnikablüten
0,5 g	Thymian
0,2 g	Majoran
0,1 g	Salbeiblätter
120 ml	Sprit

Ansatz B

1,0 g	Angelikawurzeln
0,5 g	Angelikasamen
0,5 g	Enzianwurzeln
0,5 g	Zitwerwurzeln
0,2 g	Moschuskörner
0,1 g	Zimt
0,1 g	Kardamom
0,1 g	Nelken
70 ml	Sprit
30 ml	Wasser

Die Drogen für den Ansatz A und B werden gleichmäßig zerkleinert, am besten in einem Mörser, und mit den jeweiligen Mengen Sprit bzw. Sprit und Wasser übergossen. Ansatz A wird 18 Stunden, Ansatz B 5 Tage lang extrahiert. Dann werden die Ansätze über ein Papierfilter abgegossen.

1 Liter Abteilikör 40 Vol.-%

ca. 90 ml	Extrakt A
ca. 60 ml	Extrakt B
280 ml	Sprit
100 ml	Weinbrand
300 ml	Zuckerlösung
Wasser bis zur 1-Liter-Marke	

50–100 g Bienenhonig können sehr zur Verfeinerung beitragen. Die gleiche Menge Zuckerlösung in ml ist dann weniger anzuwenden. Der Likör sollte nach dem Mischen einige Tage ruhen und dann über ein Papierfilter abgefüllt werden. Es empfiehlt sich, diesen Likör auf Vorrat herzustellen, da er durch Lagern immer feiner wird.

Für den Erdbeerlikör (Seite 63) eignen sich am besten Walderdbeeren oder alte Sorten aus dem eigenen Garten, die viel Aroma enthalten. ▶

Ananaslikör

Die Ananasfrucht hat ein sehr feines, aber nicht besonders ausgiebiges Aroma, das gegen Hitze, Gärung und Metall sehr empfindlich ist.

Ananasscheiben aus Konserven sind meistens sterilisiert und damit fast ohne Aroma. Darum sollte für die Bereitung eines guten Likörs nur die frische Frucht verwendet werden.

Die handelsüblichen Früchte haben ein Gewicht von 1000–1500 g. Für 1 Liter Likör werden aber nur ca. 400 g Fruchtfleisch, zuzüglich Schalen, benötigt. Infolgedessen reicht eine Ananas für 2 Liter Likör.

Ansatz
1 Ananas, 1000–1500 g
Schale einer unbehandelten Orange
700 ml Sprit

Sicherheitshalber die raue Schale mit viel Wasser und einer Bürste vom „Reisestaub" befreien und Blattschopf sowie Strunk entfernen. Die Frucht teilen, schälen und alles in kleine Stücke schneiden. Eine Ananas von 1250 g ergibt ungefähr 880 g Fruchtfleisch und 370 g Schale. Beide Teile zusammen mit der Schale einer Orange in ein verschließbares Gefäß füllen und mit 700 ml Sprit 14 Tage ansetzen.

Anschließend den ganzen Ansatz auf ein Kunststoffsieb geben und den Extrakt mit Hilfe eines Löffels durchstreichen. Den restlichen Fruchtbrei in ein Seihtuch füllen und mit der Hand auspressen.

2 Liter Ananaslikör ca. 30 Vol.-%

ca. 1400 ml	Ananas-Extrakt
40 ml	Rum-Verschnitt
40 ml	Weinbrand
500 ml	Zuckerlösung
Wasser bis zur 1-Liter-Marke	

Der Likör ist nach der Mischung sehr trübe. Nach 8 Tagen haben sich aber die Trubstoffe weitgehend abgesetzt. Dann vorsichtig die über dem Trub stehende klare Flüssigkeit auf ein Papierfilter gießen und ablaufen lassen. Anschließend den Bodensatz nachgießen.

◀ *Für den Ananaslikör benötigt man frische Früchte, die heute überall erhältlich sind. Bei der Auswahl sollte auf gutes, intensives Aroma geachtet werden.*

Angostura-Bitter

Der Angostura-Bitter ist eine stark-bittere Spirituose, die sich kaum zum direkten Genuss eignet. Tropfenweise mit Wasser vermischt, hilft er bei fieberhaften Erkrankungen, und mit einem „Schuss" Angostura würzt man viele Cocktails.

Der Original-Angostura wurde erstmals im Jahre 1824 von dem deutschen Arzt Dr. Siegert in der südamerikanischen Stadt Angostura als Heilmittel hergestellt. Heute dient der Angostura in Europa hauptsächlich Genusszwecken.

Ansatz

10 g	Chinarinde
8 g	rotes Sandelholz
6 g	Angosturarinde
3 g	Orangenschalen, getrocknet
3 g	Zimt
3 g	Tonkabohnen
1 g	Nelken
200 ml	Sprit
200 ml	Wasser
oder	
400 ml	Wodka 42 % statt Sprit und Wasser

Die Drogen gleichmäßig zerkleinern und mit der Mischung von Sprit und Wasser oder dem Wodka ansetzen. Nach 14 Tagen den ganzen Ansatz auf ein Papierfilter geben, den Extrakt ablaufen lassen und dann so viel Wasser über die Drogen geben, bis 400 ml Extrakt gewonnen sind.

1 Liter Angostura ca. 40 Vol.-%

400 ml	Extrakt
50 ml	Rum-Verschnitt
290 ml	Sprit
30 ml	Zuckerlösung
Wasser bis zur 1-Liter-Marke	

Die Farbe kann man bei Bedarf durch Zusatz von Zuckerkulör korrigieren. Nach 14 Tagen kann der Bitter filtriert werden. Durch Lagern gewinnt er an Geschmack und wird immer harmonischer.

Apfellikör

Erst in der letzten Zeit gewann dieser Likör an Beliebtheit, obwohl Äpfel das bei uns am häufigsten vorkommende Obst sind. Hier soll nun die Bereitung eines Apfellikörs beschrieben werden, auch wenn die technischen Mittel eines Hobby-Likörbereiters nicht ganz ausreichen. Das Wichtigste bei diesem Likör ist das Aroma, das die Industrie durch Destillation gewinnt. Man kann viel Aroma in den Likör bringen, wenn man anstelle von Sprit hochprozentigen Apfelbranntwein aus guten deutschen Äpfeln oder, noch besser, Calvados (frz. Apfelbranntwein) verwendet.

Ansatz

ca. 1 kg	Äpfel
250 ml	Sprit
250 ml	Wasser
oder	
500 ml	Apfelbranntwein oder Calvados statt Sprit und Wasser

Zum Ansatz werden 300 g aromareiche Äpfel mit Kerngehäuse und 200 g Apfelschalen (der gleichen Sorte) benötigt, die man im Haushaltsmixer zerkleinert. Dazu in den Mixbecher die Mischung aus Sprit und Wasser geben. Es kann auch, wie oben empfohlen, guter Apfelbranntwein oder Calvados sein. Die ganze Mixtur in einem verschließbaren Gefäß 14 Tage stehen lassen. Danach den Ansatz über ein Seihtuch leeren und den Extrakt ablaufen lassen, mit Handdruck nachhelfen. Über die Rückstände so viel Wasser gießen, bis 500 ml Gesamtextrakt gewonnen sind.

1 Liter Apfellikör ca. 25 Vol.-%

500 ml	Apfelextrakt
200 ml	Apfelbranntwein 40 %
220 ml	Zuckerlösung
80 ml	Apfelsaft

Zur Abrundung kann man etwas Vanillinzucker und Zitronensaft zugeben. Etwas Quitten- anstelle von Apfelsaft verstärkt das Aroma.

Da Äpfel viel Pektin enthalten, muss man mit starker Trübung rechnen, die sich nur langsam am Boden absetzt. Abhilfe schaffen Enzympräparate wie auf Seite 30 beschrieben. (Foto Seite 103)

Aprikosenlikör

Einen guten Aprikosenlikör herzustellen ist recht schwierig, weil diese Frucht sehr aromaschwach und pektinhaltig ist. Dazu verfügt der häusliche Likörbereiter meistens nicht über die der Industrie zur Verfügung stehenden Mittel und Geräte. Aber es ist der Mühe wert, sich trotzdem an die Aufgabe zu machen, besonders dann, wenn man selbst würzige Früchte zur Verfügung hat oder jugoslawische bzw. ungarische Marillen (eine länglich-runde Aprikosenart) verwenden kann. Getrocknete Früchte eignen sich nicht, weil sie meistens geschwefelt sind.

Ansatz

300–400 g	reife Aprikosen
280–320 ml	Sprit

Ca. 30 % aufgeknackte geschälte Kerne werden mitverwendet. Fruchtfleisch und Kerne füllt man in einen laufenden Haushaltsmixer und gibt 180–200 ml Sprit dazu. Alles zu Brei zerkleinern. Den Ansatz eine Woche (oder länger) in einem verschließbaren Gefäß stehen lassen. Zur Beseitigung des Pektins sollte man Klär-Enzyme (siehe Seite 30) zusetzen. Nach einer Woche den Ansatz in ein Seihtuch geben, die Flüssigkeit ablaufen lassen und die Restflüssigkeit mit der Hand nachpressen. Die Rückstände werden mit 100–120 ml Sprit weitere 12 bis 14 Tage angesetzt. Nach Beendigung der Extraktion wird der Ansatz auf ein Papierfilter gegeben. Um den in den Rückständen enthaltenen Alkohol zurückzugewinnen, wird langsam Wasser über die Rückstände verteilt – aber erst, wenn die Ansatzflüssigkeit größtenteils abgelaufen ist – bis die eingesetzte Flüssigkeitsmenge (z. B. 120 ml) zurückgewonnen ist.

1 Liter Aprikosenlikör ca. 30 Vol.-%

ca. 300 ml	Aprikosen-Extrakt
120 ml	Rückstände-Extrakt
20 ml	Weinbrand
30 ml	Zwetschgenwasser
220 ml	Zuckerlösung

Wasser bis zur 1-Liter-Marke

Um den Likör etwas erfrischender im Geschmack zu gestalten, empfiehlt sich der Zusatz von Zitronensaft. Der gut gemischte Aprikosenlikör braucht 10 bis 14 Tage, um weitere Trubstoffe abzusetzen. Erst dann kann die abschließende Filtration und Abfüllung erfolgen.

Birnenlikör

Die früher im Handel angebotenen Birnenliköre hatten mit Birnen nichts zu tun. Diese Liköre bezogen ihren Geschmack aus der Retorte. Die Verwendung künstlicher Aromastoffe für Genussmittel ist nun seit einigen Jahren verboten. Dieses Verbot war das Todesurteil für den Birnenlikör alter Art. Wenn heute kaum Birnenliköre auf dem Markt sind, so mag das daran liegen, dass die bisher aus der Frucht hergestellten Erzeugnisse nicht den Käufererwartungen entsprachen.

Hier allerdings wird ein Birnenlikör beschrieben, von dem auch die Skeptiker überzeugt sein werden.

Ansatz

400–500 g	Birnen
500 ml	Wodka oder Korn 42 Vol.-%

Man benötigt reife, vollaromatische Birnen. Als vorteilhafte Sorte hat sich die Williams Christ erwiesen. Die Frucht wird gewaschen und zerkleinert. Man gibt sie am einfachsten in den Mischbecher einer laufenden Küchenmaschine, in dem bereits 500 ml Wodka 42 % enthalten sind. Es ist darauf zu achten, dass die zerkleinerten Birnenstückchen sofort hineingegeben werden, bevor der Luftsauerstoff in Wechselwirkung mit der Birnengerbsäure eine Braunfärbung hervorruft und das Aroma stark herabmindert. Dieser Birnen-Alkohol-Brei kommt nach Zusatz eines Enzympräparats (siehe Seite 30) in ein verschließbares Gefäß und bleibt in einem dunklen, nicht zu kühlen Raum ca. 14 Tage lang stehen.

Nach dieser Zeit den ganzen Ansatz über ein Papierfilter oder Seihtuch abtropfen lassen und so viel Wasser über die Rückstände verteilen, bis ca. 600 ml Extrakt im Auffangbehälter gemessen werden.

1 Liter Birnenlikör ca. 23 Vol.-%

ca. 600 ml	Birnen-Extrakt
50 ml	Williamsbranntwein
20 ml	Weinbrand
250 ml	Zuckerlösung
Wasser bis zur 1-Liter-Marke	

Um die fehlende Säure auszugleichen, kann man etwas Zitronensaft zugeben. Nach dem Mischen sollte der Birnenlikör 2 bis 3 Wochen Zeit haben, um noch etwa vorhandene Trubstoffe ausscheiden zu können. Dann lässt er sich mühelos filtrieren und abfüllen.

Boonekamp

Seine Heimat ist Holland, wo ihn eine Familie Boonekamp zum ersten Mal als Magentropfen herstellte. In Deutschland wurde er zu Gunsten seiner medizinischen Wirkung etwas umgestaltet. Der deutsche Typ ist daher bitterer. Man trinkt ihn im Allgemeinen nicht als Genussmittel, sondern als Verdauungshilfe.

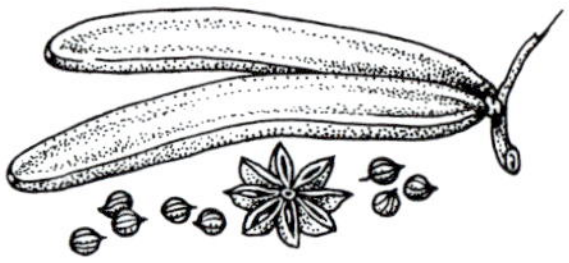

Ansatz A

1,0 g	Guajakharz
0,5 g	Safran
50 ml	Sprit und etwas zum Nachgießen

Guajakharz liefert den opalisierenden Schmelz am Glasrand. Die Gewürze mit dem Sprit ansetzen und nach 3 Tagen über ein Papierfilter geben und unter Nachgießen von Sprit 50 ml Extrakt A gewinnen.

Ansatz B

3,0 g	Süßholzwurzel
2,0 g	Johannisbrot
2,0 g	Wermutkraut
1,5 g	Aloe
1,5 g	Rhabarberwurzel
1,5 g	Lakritzen
1,5 g	Curaçaoschalen
1,5 g	Sternanis
1,0 g	Zitwerwurzel
0,8 g	Enzianwurzel
0,5 g	Zimt
0,5 g	Kalmuswurzel
0,5 g	Koriander
0,5 g	Pappelknospen
0,3 g	Myrrhen
0,3 g	Galgant
0,3 g	Angelikawurzel
190 ml	Sprit
270 ml	Wasser

Die Drogen werden gleichmäßig zerkleinert und mit einer Mischung aus 75 ml Sprit und 75 ml Wasser angesetzt. Nach 2 Wochen wird der Extrakt abgegossen und die Drogen werden nochmals mit je 75 ml Wasser und Sprit übergossen. Nach weiteren 2 Wochen wird dieser 2. Extrakt zum ersten gegeben. Die 3. Extraktion wird nun mit einem Gemisch aus 40 ml Sprit und 120 ml Wasser vorgenommen. Statt dieser Mischung kann man auch 160 ml Korn 32 % verwenden. Dieser Extrakt kann nach 10 Tagen abgenommen und zu den beiden vorherigen Extrakten gegossen werden. Die Drogen lässt man am besten über ein Papierfilter abtropfen. Bei der nun folgenden Zusammenstellung des Bitter ist darauf zu achten, dass die Extrakte A und B nicht direkt mit dem Wasser bzw. dem hochprozentigen Sprit vermischt werden. Damit keine wertvollen Extraktstoffe unlöslich werden, ist es vorteilhaft, die ungefähre Wassermenge mit dem Sprit vorher zu mischen und dann die Extrakte zuzusetzen.

1 Liter Boonekamp ca. 45 Vol.-%

280 ml Sprit
ca. 200 ml Wasser
Extrakt A und B
50 ml Rum-Verschnitt
50 ml Zuckerlösung
Wasser bis zur 1-Liter-Marke

Zutaten gut vermengen. Nach 14 Tagen bis 3 Wochen filtrieren. Boonekamp wird nach 3 bis 4 Wochen genießbar und durch längeres Lagern milder und angenehmer.

Brombeerlikör

Dieser Likör ist in der Regel unter zwei anderen Bezeichnungen bekannt, nämlich als Kroatzbeere (schlesischer Begriff) oder Blackberry Brandy (englischer Begriff), letzterer allerdings mit Zusatz von Brombeerbranntwein. Zu seiner Herstellung verwendet man vollreife, möglichst wild wachsende Früchte. Die Verarbeitung kann nach 2 Methoden vorgenommen werden, durch Vergärung oder Extraktion (Ansetzen).

Ansatz bei Vergärung

400–500 g	Brombeeren
300 ml	Sprit

Die Vergärung wird wie auf Seite 31 beschrieben durchgeführt. Anschließend den ganzen Ansatz auf ein Seihtuch geben, die Flüssigkeit ablaufen lassen und die Rückstände von Hand nachpressen. Den vergorenen Saft mit 100 ml Sprit haltbar machen und kühl aufbewahren, bis der Rückständeextrakt fertig ist. Den nach dem Pressen verbliebenen Rückstand mit 200 ml Sprit 14 Tage lang ansetzen. Danach den Ansatz auf ein Papierfilter geben und den Extrakt abziehen. Über die Rückstände kann man noch so viel Wasser nachgießen, bis 200 ml Gesamtextrakt beisammen sind.

1 Liter Brombeerlikör ca. 25 Vol.-%

ca. 350 ml	gespriteter, vergorener Saft
250 ml	Rückständeextrakt
40 ml	Kirschwasser
40 ml	Himbeergeist
260 ml	Zuckerlösung

Wasser bis zur 1-Liter-Marke

Zur Abrundung kann man eine Prise Vanillezucker, zum Ausgleich fehlender Säure etwas Zitronensäure zusetzen.

Ansatz bei Extraktion

400–500 g	Brombeeren
1 g	Zimt
1 g	Nelken
290 ml	Sprit
110 ml	Wasser

Für die Extraktion werden die Beeren und je 1 g Zimt und Nelken mit einer Mischung aus Sprit und Wasser im Haushaltsmixer zerkleinert und für 14 Tage in ein verschließbares Gefäß gegeben. Während dieser Zeit den Ansatz einige Male umrühren. Anschließend alles auf ein Seihtuch geben, den Extrakt ablaufen lassen und die restliche Flüssigkeit mit der Hand auspressen. Zur Gewinnung des restlichen Alkohols gleichmäßig so viel Wasser nachgießen, bis ca. 600 ml Gesamtextrakt gewonnen sind.

1 Liter Brombeerlikör ca. 30 Vol.-%

ca. 600 ml	Brombeerextrakt
50 ml	Himbeergeist
250 ml	Zuckerlösung

Wasser bis zur 1-Liter-Marke

Zur Abrundung kann man eine Prise Vanillezucker, zum Ausgleich fehlender Säure etwas Zitronensaft zusetzen.

Cordial Médoc

Cordial Médoc ist ein ausgesprochener Weinbrandlikör. Seine Wiege stand in Bordeaux und seinen Namen erhielt er von dem Weinbaugebiet Médoc, das um Bordeaux liegt. Es ist daher nicht verwunderlich, wenn zu seiner Bereitung guter Weinbrand und schwere Weine verwendet werden. Als Gewürz dient eine kleine Menge Veilchenwurzelauszug, der wie folgt bereitet wird:

Ansatz

1 g	Veilchenwurzel
6 ml	Sprit
4 ml	Wasser

Die Veilchenwurzel im Mörser zerkleinern, mit der Mischung aus Sprit und Wasser ansetzen und nach 4 Tagen den Extrakt über ein Papierfilter abgießen.

1 Liter Cordial Médoc ca. 35 Vol.-%

250 ml	Weinbrand
100 ml	weißer Bordeaux (Sauternes)
30 ml	roter Bordeaux
30 ml	Malaga
30 ml	Madeira
290 ml	Sprit
ca. 5 ml	Veilchenwurzelextrakt
260 ml	Zuckerlösung

Wasser bis zur 1-Liter-Marke

Der Likör sollte eine rubinrote Farbe haben, sonst kann man mit schwarzem Johannisbeersaft nachfärben. Langes Lagern trägt erheblich zur Harmonisierung bei.

Ebereschenlikör

Dieser gerbsaure Likör mit mehr oder weniger stark ausgeprägter Bitternote verdient in Deutschland mehr Beachtung. In östlichen Ländern, z. B. in Tschechien und Slowenien, ist er als Spezialllikör sehr beliebt. Dort heißt er Jarcebinka. Die wilde Eberesche (Vogelbeere) eignet sich nicht so gut als Grundlage eines Likörs, da sie einen unangenehmen, bitter-herben, sauren Geschmack hat. Dafür lässt sich die mährische Eberesche (Süße Eberesche) *Sorbus aucuparia* subsp. *moravica* ohne Vorbehalt verwenden, da sie einen süßen Saft mit angenehmem herb-aromatischen Geschmack liefert. Die Vogelbeere enthält erhebliche Mengen an Vitamin C und Karotin. Wegen des hohen Pektingehalts empfiehlt sich die Vergärung der vollreifen Früchte.

Ansatz

400 g	Ebereschenbeeren
280 ml	Sprit

Dazu werden die Beeren gewaschen, zerkleinert und in einem Gärgefäß, wie ab Seite 31 beschrieben, zur Gärung angesetzt. Nach 10 bis 14 Tagen, je nach Raumtemperatur, wird der vergorene Ansatz auf ein Seihtuch gegeben. Man lässt die Flüssigkeit ablaufen und presst mit der Hand nach. Der vergorene Saft wird mit 130 ml Sprit haltbar gemacht.

Die Rückstände enthalten noch wertvolle Aromastoffe. Dazu werden sie mit 150 ml Sprit 8 Tage lang in einem verschließbaren Gefäß angesetzt. Danach wird der Ansatz auf ein Papierfilter gegeben, der Extrakt abgefiltert und so viel Wasser über die Rückstände gegossen, bis 150 ml Gesamtextrakt beisammen sind.

1 Liter Ebereschenlikör ca. 28 Vol.-%

ca. 380 ml	vergorener, gespriteter Saft
150 ml	Rückständeextrakt
50 ml	Weinbrand
70 ml	Himbeergeist
250 ml	Zuckerlösung
Wasser bis zur 1-Liter-Marke	

Zur Verfeinerung können dem Rückständeansatz die dünn geschälte Schale einer halben unbehandelten Orange zugesetzt werden. Ein zu heller Farbton sollte mit Zuckerkulör verbessert werden. Trübungen können nur nach längerer Lagerung mittels Papierfilter beseitigt werden.

Eierlikör

Zu Recht wird dieser Likör als Stärkungsmittel bezeichnet. Der geringe Alkoholgehalt, der belebend wirkt, und die Wirkstoffe des Eigelbs (Lecithin, Vitamin A, B1, B2) werden schon manchem Rekonvaleszenten eine angenehme Medizin gewesen sein. Für die Zubereitung werden 15 frische Eier mittlerer Größe, Sprit, Zuckerlösung, Vanillezucker und Bittermandelöl verwendet. Das Eigelb wird sorgfältig vom Eiweiß getrennt und in den Mischbecher der Küchenmaschine gegeben, der bereits die Zuckerlösung enthält. Unter ständigem Rühren wird nun der Alkohol zugesetzt, und zwar in feinem Strahl. Würde man die ganze Alkoholmenge auf einmal zugeben, käme es zu einem Gerinnen des Eigelbs. Nach dem Alkoholzusatz werden die Geschmacksverfeinerungen, wie Vanillezucker, Bittermandelöl, eventuell Kirschwasser und Weinbrand oder Rum-Verschnitt beigegeben. Die Restmenge besteht aus 30 ml Eiweiß und Wasser bis zur 1-Liter-Marke.

Die Beigabe von Kirschwasser und Weinbrand wirkt sich sehr vorteilhaft aus, da diese Spirituosen die Eigenschaft haben, dem Sprit seine Schärfe zu nehmen. Der Rum-Verschnitt dagegen hat die Aufgabe, dem Eierlikör eine besondere Note zu geben. Es genügen 2 bis 3 Gläser à 20 ml. Allerdings entsteht dadurch eine gründliche Verfärbung des Eierlikörs. Die Mischung wird anschließend in ein Glas (am besten Weckglas) umgefüllt und im Wasserbad auf 50 °C unter ständigem Umrühren erwärmt.

Um größeren Alkoholverlust zu vermeiden, empfiehlt es sich, zum Abkühlen das Gefäß mit einem Tuch abzudecken. Nach dem Abkühlen sollte der Likör durch ein engmaschiges Kunststoffsieb gegossen werden. Er ist nicht lange haltbar und schmeckt am besten, wenn er frisch getrunken wird.

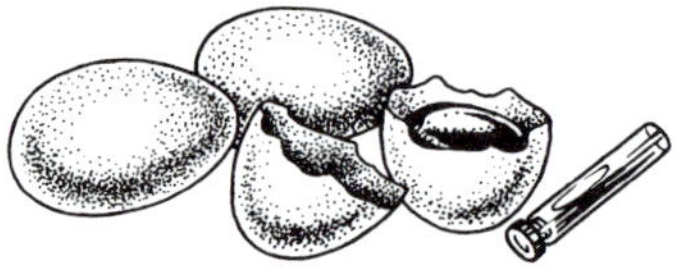

1 Liter Eierlikör ca. 20 Vol.-%

15	Eigelb
320 ml	Zuckerlösung
210 ml	Sprit 96 %
1/2	Päckchen Vanillezucker
1–3	Tropfen Bittermandel-Backöl
20 ml	Kirschwasser
20 ml	Weinbrand
30 ml	Eiweiß

Wasser bis zur 1-Liter-Marke

Der Eierlikör ist nicht lange lagerfähig, weil er eine Emulsion ist und die Neigung hat, sich bald in die einzelnen Bestandteile aufzulösen. Außerdem kann das in den Eiern enthaltene Öl verharzen.

Die Weihnachtszeit eignet sich am besten für die Eierlikörzubereitung, da bei der Festtagsbäckerei oft eine Menge Eigelb übrig bleibt. (Foto Seite 86)

Erdbeerlikör

Am aromatischsten und daher für den Likör am besten geeignet sind Walderdbeeren. Meistens wird man sie aber durch Gartenfrüchte ersetzen müssen. Dabei hat sich gezeigt, dass die alten Gartensorten meist ein besseres Aroma besitzen als die neueren, vorwiegend auf äußere Form gezüchteten Erdbeeren.

Das Aroma der Erdbeere ist außerordentlich empfindlich und geht bei Gärung oder Berührung des Safts mit Metall weitgehend verloren. Die Saftgewinnung ist wegen des hohen Pektingehalts und der wässrigen Struktur der Frucht problematisch. Beim Pressen bilden die Beeren nämlich eine schleimige Masse und geben den Saft nur ungenügend ab. Darum soll in diesem Fall die auf Seite 33 beschriebene Methode des Ansetzens der ganzen Frucht zur Anwendung kommen.

Ansatz

500 g	Erdbeeren
300 ml	Sprit

Die Beeren säubern und zerquetschen. Den Fruchtbrei in ein verschließbares Gefäß füllen und 300 ml Sprit darüber gießen. Nach 14 Tagen den ganzen Ansatz in ein Seihtuch geben, die Flüssigkeit ablaufen lassen und anschließend mit der Hand nachpressen. Die Rückstände zusammen mit dem Seihtuch auf einen Trichter geben und langsam so viel Wasser darüber verteilen bis ca. 600 ml Gesamtextrakt erreicht sind.

1 Liter Erdbeerlikör ca. 30 Vol.-%

ca. 600 ml	Erdbeerextrakt
50 ml	Rum-Verschnitt
80 ml	Himbeergeist
250 ml	Zuckerlösung
Wasser bis zur 1-Liter-Marke	

Zur Abrundung kann man 1/4 bis 1/2 Teelöffel Vanillezucker zugeben. Auch etwas Zitronensäure ist zu empfehlen.

Für diejenigen, die den Saft im Dampfentsafter gewinnen, sei darauf hingewiesen, dass die Rückstände wichtige Geschmacksstoffe für die Aromatisierung enthalten. Diese werden mit ca. 150 ml Sprit extrahiert. Je mehr von diesem Extrakt dem Likör zugesetzt wird, desto würziger wird er. (Foto Seite 49)

Halb und Halb

Dieser Likör hat seinen Ursprung in Holland und vereinigt die süße und die bittere Note zu einer wohlausgewogenen Komposition. Das Bittere der Angosturarinde wird durch die Anwendung von süßen Orangenschalen und Zucker sowie etwas süßem Malaga zu einem angenehm herzhaften Geschmack abgerundet.

Ansatz

30 g	Orangenschalen, ohne innere weiße Schicht
10 g	bittere Pomeranzenschalen
6 g	Angosturarinde
5 g	Chinarinde
2 g	Zimt
2 g	frische Zitronenschale, ohne innere weiße Schicht
0,5 g	Nelken
0,5 g	Kardamom
150 ml	Sprit
120 ml	Wasser

Die Drogen im Mörser zerkleinern und mit der Mischung aus Wasser und Sprit 14 Tage lang extrahieren.

Den ganzen Ansatz dann auf ein Papierfilter geben und den Extrakt ablaufen lassen. Über die Rückstände so viel Wasser gleichmäßig verteilen, bis 270 ml Extrakt erreicht sind.

1 Liter Halb und Halb ca. 32 Vol.-%

270 ml	Extrakt
200 ml	Sprit
300 ml	Zuckerlösung
80 ml	Weinbrand
50 ml	Malaga

Wasser bis zur 1-Liter-Marke

Der Likör muss nach dem Mischen einige Wochen ruhen und kann dann mühelos filtriert werden. Falls die Eigenfarbe nicht ausreicht, mit Zuckerkulör nachfärben. Halb und Halb wird durch Lagern feiner. (Foto Seite 104)

Himbeerlikör

Obwohl die Himbeere eine weit verbreitete Beerenfrucht ist und im Haushalt vielfache Verwendung findet, trifft man den Himbeerlikör recht selten im Handel. Dabei ist die Bereitung eines Himbeerlikörs verhältnismäßig einfach.

Ansatz

400–500 g	Himbeeren
275 ml	Sprit

Für den Likör benötigt man möglichst aromatische reife Früchte. Sie werden, wenn nötig, vorsichtig abgebraust und dann verlesen. Dabei sollten madige Beeren aussortiert werden. Vor dem Einfüllen in ein verschließbares Gefäß werden die Beeren gut zerdrückt und dann mit 275 ml Sprit übergossen. So bleiben die Himbeeren ungefähr 3 Wochen stehen und werden von Zeit zu Zeit umgerührt.

Danach den ganzen Ansatz in ein Seihtuch füllen und den Extrakt ablaufen lassen, gegen Ende mit der Hand nachpressen. Die Rückstände kann man, um den eingesetzten Alkohol zurückzugewinnen, auf einen Trichter geben und gleichmäßig so viel Wasser darüber gießen, bis 500 ml Gesamtextrakt angesammelt sind.

1 Liter Himbeerlikör ca. 25 Vol.-%

500 ml	Himbeerextrakt
100 ml	Himbeergeist
250 ml	Zuckerlösung

Wasser bis zur 1-Liter-Marke

Zur Abrundung 1/4 bis 1/2 Teelöffel Vanillezucker zusetzen. Die Abschluss-Filtration erst nach 2 bis 3 Wochen vornehmen, um auch die restlichen Pektine abzuscheiden. Himbeerlikör hält sich nicht unbegrenzt; er sollte innerhalb eines Jahres getrunken und während dieser Zeit in einem dunklen und kühlen Raum aufbewahrt werden.

Holunderlikör

Der gute alte Holunder – auch Fliederbeerstrauch genannt – ist in ganz Europa heimisch. Man findet ihn vor allem auf Waldlichtungen, am Waldrand, an Mauern und Zäunen. Die tiefschwarzen Beeren enthalten wichtige Mineralstoffe und wertvolle Fruchtsäuren. Aus Holunder kann man einen wohlschmeckenden Likör machen. Die Zubereitung erfordert allerdings etwas größere Bemühungen als bei den sonstigen Fruchtsaftlikören, da zuerst die Blüten und später dann die reifen Beeren gebraucht werden. Die Blüten sind besonders wichtig, da sie das feine Aroma bringen.

Ansatz
Holunderblüten
150 ml Sprit

Zur Blütezeit 5 bis 6 große Blütendolden zerkleinern und mit 150 ml Sprit in einem verschließbaren Gefäß 14 Tage lang ansetzen. Danach den Ansatz auf ein Papierfilter geben, den Extrakt ablaufen lassen und gut verschlossen aufbewahren, bis die Beeren reif sind. Zur gegebenen Zeit 500 g reife Holunderbeeren abspülen, die Beeren mit der Gabel von den Stielen abstreifen und mit etwas Wasser kochen. Zur Verfeinerung kann man ½ Vanilleschote mitkochen. Den noch warmen Sud über ein Seihtuch ablaufen lassen und mit der Hand nachpressen.

1 Liter Holunderlikör ca. 25 Vol.-%
300 ml Holundersaft aus 500 g Beeren
150 ml Blütenextrakt
150 ml Sprit
100 ml schwarzer Johannisbeersaft
250 ml Zuckerlösung
Wasser bis zur 1-Liter-Marke

Eine interessante Abwandlung bringt der Zusatz von Schalen von je ½ Orange und Zitrone, der dem Blütenansatz beigegeben werden kann. Dazu müssen die ungespritzten Früchte gut mit warmem Wasser abgebürstet und die Schalen sehr dünn geschält werden. Wenn die Säure nicht ausreichen sollte, kann mit Zitronensäure nachgeholfen werden.

Ein wunderbares Tröpfchen nach einem festlichen Essen: Der Kaffeelikör (Seite 73). Man kann ihn mit echten Kaffeebohnen oder mit Instant-Kaffee herstellen. ▶

Honiglikör (Bärenfang)

Der Bärenfang ist ein alter ostpreußischer Likör. Über die Entstehung seines Namens erzählte man sich in Ostpreußen folgende nette Geschichte: Vor vielen, vielen Jahren wurden die Bauern Masurens von den Bären geplagt. Das Jagen dieser Räuber war ihnen jedoch nicht erlaubt. So suchten sie nach einem anderen (lautloseren) Weg und fanden ihn im Alkohol. Sie mischten Alkohol mit dem Lockmittel Honig und stellten die Töpfe, gefüllt mit dieser köstlichen Mischung, in den Wäldern auf. Die Bären gingen ihnen tatsächlich auf den „Honig" und konnten, berauscht und selig schlummernd, unauffällig gefangen werden. Wahrscheinlich sind die Bärenfänger bei ihrer Arbeit auch auf den Geschmack gekommen. Seit langem gibt es in Ostpreußen keine Bären mehr, aber den kräftigen Bärenfang gibt es noch immer. Und so wird er zubereitet:

1 Liter Honiglikör (Bärenfang)
ca. 42 Vol.-%

450 g Honig
440 ml Sprit
Wasser bis zur 1-Liter-Marke

Den Honig mit ca. 250 ml Wasser erwärmen, bis er sich auflöst. Nach dem Abkühlen den Sprit zusetzen und mit Wasser auf 1 Liter auffüllen. Wenn die Farbe zu blass ist, mit Zuckerkulör nachfärben. Der Likör wird zunächst sehr stark durch Ausscheiden von Dextrin- und Eiweißstoffen des Honigs getrübt sein. Am einfachsten kann man diese Trübung beseitigen, indem man den Likör längere Zeit ruhen lässt. Kühlung kann die Klärung beschleunigen. Nach dem Absetzen sollte er noch filtriert werden. Wer es ganz eilig hat und sich etwas Kieselgur oder Magnesiumoxid (Magnesia usta) beschaffen kann (beides in Apotheken erhältlich), setzt dem Likör 4–5 g davon, aufgeschlemmt in Likör, zu. Das spezifisch schwerere Pulver reißt beim Absinken die Trubstoffe mit sich und der Likör kann bald filtriert werden. Er ist längere Zeit haltbar.

◀ *Vanillelikör (Seite 92) ist ein raffinierter Zusatz zu trockenem Sekt. Die Schoten müssen nicht lange angesetzt werden; man kocht sie kurz mit Zucker und Wasser auf.*

Johannisbeerlikör (Cassis)

Für diesen Zweck eignet sich am besten eine Mischung aus schwarzen und roten Beeren im Verhältnis 4 : 1. Dazu werden ca. 500 g vollreife Beeren gewaschen, von den Kämmen befreit und verlesen. Die Verarbeitung zu Likör kann nach 2 Methoden vorgenommen werden: durch Vergärung oder Extraktion (Ansetzen).

Ansatz bei Vergärung

400 g	Schwarze Johannisbeeren
100 g	Rote Johannisbeeren
8–10 g	Johannisbeerblätter
300 ml	Sprit

Die Vergärung wird wie auf Seite 31 beschrieben durchgeführt. Anschließend den ganzen Ansatz auf ein Seihtuch geben, die Flüssigkeit ablaufen lassen und die Rückstände von Hand nachpressen. Den vergorenen Saft mit 150 ml Sprit haltbar machen und kühl aufbewahren, bis der Rückständeextrakt fertig ist. Den Spritzzusatz unter ständigem Rühren vornehmen, um Geleebildung zu vermeiden.

Den nach dem Pressen verbliebenen Rest mit seinen Aromastoffen zusammen mit 8–10 g frischen, geschnittenen Blättern und 150 ml Sprit 14 Tage lang ansetzen. Danach den Ansatz auf ein Papierfilter geben und den Extrakt abziehen. Über die Rückstände kann man noch so viel Wasser nachgießen, bis 150 ml Gesamtextrakt beisammen sind.

1 Liter Schwarzer Johannisbeerlikör ca. 25 Vol.-%

500 ml	gespriteter, vergorener Saft
150 ml	Rückständeextrakt
40 ml	Weinbrand
300 ml	Zuckerlösung

Wasser bis zur 1-Liter-Marke

Ansatz bei Extraktion

400 g	Schwarze Johannisbeeren
100 g	Rote Johannisbeeren
10 g	frische Blätter
290 ml	Sprit
110 ml	Wasser

Für die Extraktion werden 500 g Beeren (wie oben) zusammen mit 10 g frischen Blättern und einer Mischung aus 290 ml Sprit und 190 ml Wasser im Haushaltsmixer zerkleinert und für 14 Tage in ein verschließbares Gefäß gegeben. Während dieser Zeit den Ansatz einige Male umrühren. Anschließend alles auf ein Seihtuch geben, den Extrakt ablaufen lassen und die restliche Flüssigkeit mit der Hand auspressen. Zur Gewinnung des restlichen Alkohols die Rückstände auf ein Papierfilter geben und gleichmäßig so viel Wasser nachgießen, bis ca. 600 ml Gesamtextrakt gewonnen sind.

1 Liter Schwarzer Johannisbeerlikör ca. 25 Vol.-%

600 ml	Extrakt
100 ml	Malaga
280 ml	Zuckerlösung
Wasser bis zur 1-Liter-Marke	

Bei Bedarf den Likör über ein Papierfilter laufen lassen. Innerhalb eines Jahres sollte Johannisbeerlikör getrunken werden. Dazu ein Tipp: 1 Glas Likör auf ein Weinglas herben Weißwein oder Sekt ist eine Köstlichkeit. Franzosen nennen diese Mischung Kir und trinken sie als Aperitif.

Ingwerlikör

Wegen seiner brennenden Schärfe hat dieser Likör keinen großen Verbraucherkreis. Es gibt aber Liebhaber, nämlich jene, die Ingwer auch in anderer Form, als Gewürz oder als Konfekt, genießen. Als Ausgangsstoff dient Ingwerwurzel aus Südasien oder Jamaika. Vor der Extrahierung muss das seifig schmeckende Harz aus der Wurzel durch Behandlung mit doppeltkohlensaurem Natron (= Natriumbikarbonat, in Apotheken erhältlich) entfernt werden. Für 1 Liter Likör werden 25 g Ingwerwurzel benötigt.

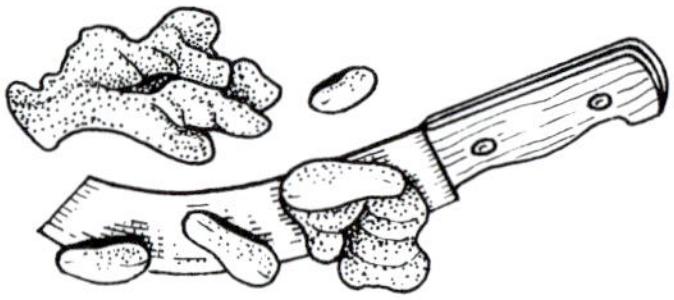

Vorbehandlung und Ansatz

25 g	Ingwerwurzel
5 g	Natriumbikarbonat
100 ml	Wasser
180 ml	Sprit
130 ml	Wasser

Wurzeln mit dem Messer oder einer Reibe zerkleinern und mit einer Mischung aus 5 g Natriumbikarbonat und 100 ml heißem Wasser übergießen. So bleiben sie 48 Stunden stehen. Dann die Lauge abgießen und kräftig mit klarem Wasser nachspülen. Die vorbehandelte Wurzel jetzt mit einer Mischung aus 180 ml Sprit und 130 ml Wasser 8 Tage lang ansetzen. Dann den Ansatz auf ein Papierfilter geben und den Extrakt ablaufen lassen. Anschließend so viel Wasser über die Rückstände gießen, bis ca. 320 ml Gesamtextrakt abgelaufen sind.

1 Liter Ingwerlikör ca. 30 Vol.-%

320 ml	Ingwerextrakt
40 ml	Weinbrand
20 ml	Arrak- oder Rum-Verschnitt
130 ml	Sprit
320 ml	Zuckerlösung

Wasser bis zur 1-Liter-Marke

Bei Bedarf mit Zuckerkulör leicht nachfärben. Nach dem Mischen den Likör einige Tage ruhen lassen. Längeres Lagern tut dem Geschmack gut.

Kaffeelikör

Die nach dem Trinken einer oder mehrerer Tassen Kaffee eintretende Wirkung des Alkaloids Koffein ist nach dem Genuss von Kaffeelikör nicht unbedingt zu erwarten, zumal die Genussmenge geringer ist.

Man nimmt an, dass das Anregende des Kaffees durch die dämpfende Wirkung des Alkohols wieder aufgehoben wird. Trotzdem sollte man den wohlschmeckenden Kaffeelikör einmal versuchen.

Ansatz

80–100 g	Kaffee
300 ml	Sprit
250 ml	Wasser

Man benötigt frisch gerösteten, grob gemahlenen Kaffee. Den Kaffee mit einer Mischung aus 300 ml Sprit und 250 ml Wasser übergießen und so 14 Tage bis 3 Wochen in einem verschließbaren Gefäß ziehen lassen. Von Zeit zu Zeit umrühren. Dann den ganzen Ansatz auf ein Papierfilter geben und den Extrakt abfließen lassen. Den Rückstand im Filter anschließend mit ca. 150 ml kochendem Wasser übergießen und zum Extrakt geben. Im warmen Extrakt 1/2 Päckchen Vanillezucker auflösen.

1 Liter Kaffeelikör ca. 30 Vol.-%

ca. 580 ml	Kaffee-Extrakt
60 ml	Weinbrand
320 ml	Zuckerlösung
1/2	Päckchen Vanillezucker

Zuckerkulör
Wasser bis zur 1-Liter-Marke

Da die Farbe des Kaffee-Extrakts nicht ausreicht, muss mit Zuckerkulör nachgefärbt werden. Die Zutaten müssen gut gemischt werden. Der Likör braucht mindestens 8 Tage, bis er filtriert werden kann.

Natürlich kann man den Kaffeelikör auch aus Pulver- oder Extraktkaffee bereiten. 10 g (oder mehr) Pulverkaffee werden mit 300 g Zucker und 1/2 Päckchen Vanillezucker in 300 ml warmem Wasser gelost. Nach dem Erkalten 300 ml Sprit und 60 ml Weinbrand zusetzen.

1 Liter Kaffeelikör aus Pulverkaffee ca. 30 Vol.-%

10 g	Pulverkaffee
300 g	Zucker
1/2	Päckchen Vanillezucker
300 ml	Sprit
60 ml	Weinbrand

Zuckerkulör
Wasser bis zur 1-Liter-Marke

Kaffeelikör ist ohne Geschmackseinbuße bis zu einem Jahr lagerfähig. (Foto Seite 67)

Kirschlikör

Für die Likörbereitung sind die dunklen Sauerkirschen, besonders Strauchweichseln, und die Schattenmorellen geeignet. Das Aroma eines aus dunklen Sauerkirschen hergestellten Likörs ist unvergleichlich besser als das aus Süßkirschsorten. Für 1 Liter Likör benötigt man ca. 500 g vollreife Früchte. Sie werden gewaschen, entstielt und entsteint. ¼ der Kerne aufbewahren. Die weitere Verarbeitung kann nach 2 Methoden vorgenommen werden: durch Vergärung oder Extraktion (Ansetzen).

Ansatz bei Vergärung

500 g	Sauerkirschen
300 ml	Sprit

Die Vergärung wird wie auf Seite 31 beschrieben durchgeführt. Anschließend den ganzen Ansatz auf ein Seihtuch geben, die Flüssigkeit ablaufen lasen und die Rückstände von Hand nachpressen. Den vergorenen Saft mit 150 ml Sprit haltbar machen und kühl aufbewahren, bis der Rückständeextrakt (einschließlich der zerquetschten Kirschkerne, ca. 25 %) fertig ist. Dazu werden der nach dem Pressen verbliebene Rückstand und die zerquetschten Kerne mit 150 ml Sprit 14 Tage lang angesetzt. Danach den Ansatz auf ein Papierfilter geben, den Extrakt ablaufen lassen und schließlich so viel Wasser über die Rückstände gießen, bis 150 ml Gesamtextrakt beisammen sind.

1 Liter Kirschlikör ca. 25 Vol.-%

ca. 450 ml	vergorener, gespriteter Kirschsaft
150 ml	Rückständeextrakt
50 ml	Kirschwasser
280 ml	Zuckerlösung
Wasser bis zur 1-Liter-Marke	

Ansatz bei Extraktion

500 g	Sauerkirschen
300 ml	Sprit
Einige Kirschkerne	

Für die Extraktion werden die zerkleinerten Früchte mit dem Sprit in einem verschließbaren Gefäß 14 Tage bis 3 Wochen lang angesetzt. Dabei sollten 20 bis 30 % der Kerne vorher zerquetscht sein. Danach den ganzen Ansatz auf ein Seihtuch geben, die Flüssigkeit ablaufen lassen und schließlich mit der Hand nachpressen. Das Seihtuch mit den Rückständen auf einen Trichter legen und so viel Wasser darüber gießen, bis 600 ml Gesamtextrakt beisammen sind.

1 Liter Kirschlikör ca. 25 Vol.-%

600 ml	Extrakt
50 ml	Kirschwasser
250 ml	Zuckerlösung

Wasser bis zur 1-Liter-Marke

Ansatz mit Saft vom Dampfentsafter

500 ml	Saft
120 g	Kirschenrückstände
270 ml	Sprit

Bei Verwendung von Saft aus dem Dampfentsafter sollte beachtet werden, dass 1 Liter dieses Saftes neben ca. 500 ml Originalsaft auch 85 ml Zucker (122 g) und 415 ml Wasser enthält.

Im Anschluss an die Saftgewinnung muss ein Teil der Rückstände für den Aromaextrakt zurückbehalten werden. Dazu werden 270 ml Sprit in ein verschließbares Gefäß gefüllt und so viel von dem Rückstand dazugegeben, bis der Sprit gerade noch darüber steht. Nach 14 Tagen den Ansatz auf ein Papierfilter geben, die Flüssigkeit ablaufen lassen und so viel Wasser darüber gießen, bis 270 ml Gesamtextrakt beisammen sind.

1 Liter Kirschlikör ca. 25 Vol.-%

500 ml	Saft aus dem Dampfentsafter
270 ml	Aromaextrakt
200 ml	Zuckerlösung

Wasser bis zur 1-Liter-Marke

Eine beliebte Geschmacksverbindung ist Kirschlikör mit Rum. Empfehlenswert ist Jamaika-Rum oder der überall erhältliche Verschnitt aus Jamaika-Rum. Anderer, so genannter echter Rum stammt nicht aus Jamaika und eignet sich wegen seines geringen Rumgeschmacks nicht für diesen Likör. Saft und Extrakt werden wie oben beschrieben hergestellt.

1 Liter Kirsch mit Rum ca. 25 Vol.-%

450 ml	Saft aus dem Dampfentsafter
150 ml	Aromaextrakt
100 ml	Rum-Verschnitt 40 Vol.-%
100 ml	Sprit
200 ml	Zuckerlösung

Kirschliköre lassen sich nach einer Ruhepause von 2 Wochen gut filtrieren. Sie sind ohne Qualitätseinbuße bis zu einem Jahr in dunklen und kühlen Räumen haltbar.

Kolanusslikör

Da die alkoholfreien Kola-Getränke so beliebt und verbreitet sind, soll an dieser Stelle auch die Zubereitung eines Kolalikörs beschrieben werden. Dieser Likör besitzt eine stark anregende Wirkung, die allerdings durch den Alkohol etwas gedämpft wird.

Es soll aber auch nicht verschwiegen werden, dass das Aroma der Kolanuss wenig ausgeprägt ist und keine allzu großen Erwartungen an das Aroma des Likörs zu stellen sind. Wie bei den gleichnamigen Erfrischungsgetränken muss auch hier mit dazu passenden Drogen nachgeholfen werden.

Ansatz

20 g	geröstete Kolanüsse
2 g	Johannisbrot
2 g	frische Zitronenschalen, ohne innere weiße Schicht
2 g	Rosinen
1 g	frische Orangenschalen, ohne innere weiße Schicht
1 g	bittere Pomeranzenschalen
0,5 g	Nelken
0,3 g	Kardamom
0,3 g	Muskatnuss
80 ml	Sprit
125 ml	Wasser

Drogen zerkleinern und mit einer Mischung von Sprit und Wasser 7 Tage lang stehen lassen. Danach den ganzen Ansatz auf ein Papierfilter geben und den Extrakt in einem Messglas auffangen. Dann so viel Wasser über die ausgelaugten Drogen gießen, bis 200 ml Gesamtextrakt erreicht sind.

1 Liter Kolanusslikör ca. 30 Vol.-%

200 ml	Extrakt
230 ml	Sprit
40 ml	Weinbrand
300 ml	Zuckerlösung

Wasser bis zur 1-Liter-Marke

1–2 g Zitronensäure oder etwas Zitronensaft geben dem Getränk eine frische Note. Bei Bedarf den Likör mit Zuckerkulör nachfärben. Gut mischen und den Likör einige Tage ruhen lassen. Er lässt sich dann schnell über ein Papierfilter filtrieren und abfüllen.

Kümmellikör

Kümmel soll die älteste in Europa nachweisbar als Gewürz verwendete Pflanze sein. Die Heimat der meist wild wachsenden Doldenpflanze (*Carum carvi*) sind unsere heimischen Wiesen. Als Arznei werden die Samen dieser Pflanze schon von jeher gebraucht. Die Verwendung für einen Likör wird 1823 erwähnt, als die Familie von Blanckenhagen in Allasch bei Riga mit der Herstellung des „Allasch" begann.

Üblicherweise wird der Kümmellikör aus Kümmeldestillat bereitet. Er ist dann wasserhell und hat einen reintönigen Geschmack.

Man kann aber auch einen wohlschmeckenden Likör aus einem Mazerat (Auszug) bereiten. Die Bitterstoffe, die bei der Mazeration gelöst werden, können weitgehend durch eine Vor-Mazeration herausgelöst werden.

Ansatz für 5 Liter

50 g	Kümmel
2 g	Anis
2 g	Zimt
5 g	geriebene Zitronenschale
200 ml	Sprit

Man bereitet am zweckmäßigsten eine größere Menge Extrakt. Dazu setzt man Kümmelsamen mit kaltem Wasser an und gießt den wässrigen Extrakt nach ungefähr 8 Tagen ab. Dann fügt man nach Belieben die übrigen Gewürze hinzu und übergießt die Mischung mit Sprit. Nach ungefähr 3 Wochen wird der Extrakt filtriert. Der dabei gewonnene Extrakt reicht für 5 Liter Likör.

1 Liter Kümmellikör ca. 40 Vol.-%

40 ml	Extrakt
400 ml	Sprit
300 ml	Zuckerlösung
Wasser bis zur 1-Liter-Marke	

Sollte der Likör trüb sein, empfiehlt es sich, ihn tiefzukühlen (–15 bis –20 °C) und kalt zu filtrieren.

Eine Lagerung zur Abrundung ist nicht unbedingt notwendig. Kümmellikör ist bis zu einem Jahr lagerfähig, danach beginnt das Kümmelöl ranzig zu werden.

Milchlikör

Ein Likör, der sicher nicht über den Handel bezogen werden kann, ist der Milchlikör. Das liegt daran, dass dieser Likör keine Mischung, sondern eine Emulsion ist. Diese haben es an sich, nach einiger Zeit in ihre Bestandteile zu zerfallen und dann recht unappetitlich auszusehen. Wenn der Milchlikör aber richtig zubereitet wird, bleibt die Emulsion mindestens einen Monat stabil.

1 Liter Milchlikör ca. 20 Vol.-%

95 g	Zucker
325 g	Kondensmilch 10 %
250 ml	Magermilch
20 g	Eiklar
150 ml	Sprit
50 ml	Kirschwasser
80 ml	Bacardi-Rum, weiß
100 ml	Wasser
1–2	Tropfen Bittermandelöl
1/2	Päckchen Vanillezucker

Zucker, Milch und Eiklar unter ständigem Rühren, am besten im Wasserbad, auf maximal 30 °C erwärmen. Zu der noch warmen Flüssigkeit unter fortgesetztem Rühren die Mischung aus Alkohol und Wasser in dünnem Strahl zugeben. Zur Aromatisierung werden vorher dem Sprit das Bittermandelöl und dem Wasser der Vanillezucker beigefügt.

Da die Gefahr der Entmischung nicht auszuschließen ist, empfiehlt es sich, den Likör innerhalb eines Monats zu verbrauchen, was sicher nicht schwer fallen dürfte.

Mirabellenlikör (Pflaumenlikör)

Es ist recht merkwürdig, dass unsere verschiedenen Pflaumensorten, die Edelsorten Mirabelle und Reneklode, aber auch die gewöhnliche Pflaume und Zwetschge, von der Likörindustrie so gut wie gar nicht in Anspruch genommen werden. Das feinste und fruchtigste Aroma liefern die Mirabellen, nach ihnen die Renekloden; aber auch die weit verbreiteten Pflaumen und Zwetschgen haben nicht nur ein brauchbares, sondern auch ein ausgiebiges und stabiles Aroma.

Das folgende Rezept für einen Mirabellenlikör kann auch für alle anderen Pflaumensorten verwendet werden.

Ansatz A

400–500 g	Mirabellen
250 ml	Sprit
200 ml	Wasser

Ansatz B

75 g	Kerne
50 ml	Sprit

Mirabellen waschen, entsteinen und zerkleinern. Die Mischung aus Sprit und Wasser zusammen mit dem Früchtebrei in ein verschließbares Gefäß geben und 3 bis 4 Wochen stehen lassen.

Die Kerne aufschlagen und mit Sprit ebenfalls 3 bis 4 Wochen ansetzen.

Anschließend den Früchtebrei-Ansatz in ein Kunststoffsieb geben, das mit einem Seihtuch ausgelegt ist, und den Extrakt ablaufen lassen. Den Rest mit der Hand auspressen. Die Rückstände kann man noch mit Wasser übergießen, bis 600 ml Gesamtextrakt beisammen sind.

1 Liter Mirabellenlikör ca. 30 Vol.-%

600 ml	Mirabellen-Extrakt (A)
50 ml	Kern-Extrakt (B)
100 ml	Mirabellenbranntwein 40 Vol.-%
250 ml	Zuckerlösung

Der Likör hat auch ohne Farbzusatz eine schöne Bernsteinfarbe. Erst nach 3 bis 4 Wochen die Mischung filtrieren und abfüllen. Durch Lagern gewinnt der Mirabellenlikör an Harmonie.

Mokka-Sahne-Likör

Diesen wohlschmeckenden Likör wird man kaum zu kaufen bekommen. Das mag seinen Grund darin haben, dass sich dieser Likör recht bald entmischt und dann unappetitlich aussieht. Man sollte ihn daher bald nach seiner Zubereitung verbrauchen.

1 Liter Mokka-Sahne-Likör ca. 25 Vol.-%

200 ml süße Sahne
300 ml Zuckerlösung
30 ml Eiweiß
1/4 Päckchen Vanillezucker
10 g Pulverkaffee
100 ml Weinbrand
220 ml Sprit
Wasser bis zur 1-Liter-Marke

Sahne, Zuckerlösung, Eiweiß, Kaffee und Vanillezucker mit dem elektrischen Rührgerät oder im Mixer mischen. Alkohol in feinem Strahl zugeben und bis zur 1-Liter-Marke mit Wasser auffüllen.

Die Farbe kann bei Bedarf mit Zuckerkulör korrigiert werden. Der Likör ist, wie gesagt, nicht lange haltbar.

Nusslikör

Nuss- oder Noisettelliköre hatten früher im ländlichen Haushalt einen Stammplatz. Aber der Mangel an geeigneten Walnüssen und das Fehlen von fachgerechten Herstellungshinweisen ließen diesen herzhaften Likör in Vergessenheit geraten.

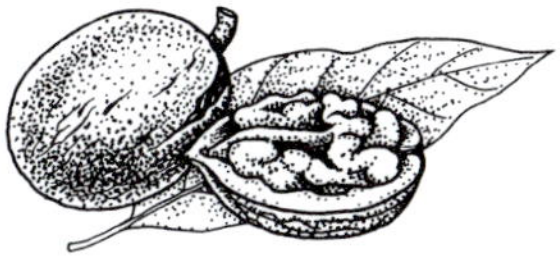

Ansatz

100–120 g	grüne Walnüsse
2	kleine Stangen Zimt
1/4	Teelöffel gemahlene Nelken
1/4	Teelöffel geriebene Muskatnuss
300 ml	Sprit
150 ml	Wasser

Halbreife, weiche, grüne Walnüsse, die man noch mit einer Stricknadel durchstechen kann, werden zerkleinert und mit einer Gemüsepresse abgepresst. Es ist wichtig, darauf zu achten, dass die Nüsse nicht mit Eisenteilen in Berührung kommen, sonst werden sie schwarz. Der ablaufende Saft wird weggeschüttet. Zu den abgepressten Rückständen werden die Gewürze gegeben und in einem verschließbaren Topf zusammen mit der Mischung aus Sprit und Wasser 2 Wochen angesetzt. Danach gibt man den ganzen Ansatz auf ein Papierfilter, lässt die Flüssigkeit ablaufen und gießt Wasser über die Rückstände, bis 450 ml Extrakt erreicht sind.

1 Liter Nusslikör ca. 30 Vol.-%

450 ml	Nuss-Extrakt
60 ml	Rum-Verschnitt 40 Vol.-%
230 ml	Zuckerlösung

Wasser bis zur 1-Liter-Marke

Eine empfehlenswerte Abwandlung des Geschmacks kann durch Zusatz von 30 g Kakaopulver (fettarm) zu den Gewürzen erreicht werden. Eine Prise Vanillezucker und 1 bis 2 Tropfen Bittermandelöl (Backöl) runden den Likör ab. Nach dem Mischen braucht er ein paar Tage Ruhe, bevor er filtriert und abgefüllt wird. Sollte die Filtration wegen des Fettgehalts der Nüsse Schwierigkeiten machen, so empfiehlt sich eine Tiefkühlung (–15 bis –20 °C) und eine anschließende Filtration.

Orangenlikör

Orangenlikör ist wegen seines Säuregehalts ein erfrischendes alkoholisches Getränk. Die Säure stammt aus dem Saft, das Aroma aus der Schale der Zitrusfrucht. Es sitzt als ätherisches Öl in den hellen Drüsen der Oberfläche und kann am reinsten durch Destillation gewonnen werden.

Das soll den häuslichen Likörbereiter aber nicht abschrecken. Bei geschickter Mazeration (Ansetzen) lassen sich die Aromastoffe auch zufrieden stellend herauslösen, besonders dann, wenn man die Orangen möglichst dünn schält.

Ansatz

150 g	Orangenschalen
20 g	Zitronenschalen
300 ml	Sprit
60 ml	Wasser

Beim Kauf der Orangen sollte man darauf achten, dass die Früchte als „unbehandelt“ ausgewiesen sind. Das vom Verkaufspersonal empfohlene Abwaschen mit heißem Wasser ist beinahe unwirksam, da die konservierende Schutzschicht aus wasserunlöslichen Substanzen besteht.

Als Alternative bietet sich der Kauf von Orangen in Bioläden und Reformhäusern an.

Die so ausgewählten Orangen dünn schälen. Die zerkleinerten Schalen in ein verschließbares Gefäß füllen und mit der oben genannten Mischung aus Sprit und Wasser übergießen. Nach ca. 8 Stunden den ganzen Ansatz auf ein Papierfilter geben, den Extrakt ablaufen lassen und so viel Wasser über den Rückstand gießen, bis man 400 ml Gesamtextrakt erhält.

1 Liter Orangenlikör ca. 28 Vol.-%

400 ml	Orangenschalenextrakt
150 ml	Sprit
120 ml	Blutorangensaft
330 ml	Zuckerlösung
Wasser bis zur 1-Liter-Marke	

Sollte sich nach einigen Tagen an der Oberfläche des Likörs eine wasserhelle Schicht abzeichnen, dann sind trotz des niedrigprozentigen Ansatzalkohols auch wertlose Ölbestandteile (Terpene) gelöst worden. Zitrusöle bestehen nämlich zu ca. 1,5 % aus dem eigentlichen Aromaträger und zu 98,5 % aus wertlosen, weil aromaschwachen Terpenen, die sich hauptsächlich in hochprozentigem Alkohol lösen. Da diese helle Schicht den Likör bei jedem Ausschenken trübt, sollte sie entfernt werden. Dazu füllt man ihn in einen Weinheber oder eine Glaskanne mit am Boden angebrachtem Auslauf. Nach einiger Zeit setzt sich das wertlose Öl oben ab. Dann den Likör vorsichtig bis zur Ölschicht ablaufen lassen. Orangenlikör ist bei kühler und dunkler Lagerung bis zu einem Jahr haltbar. (Foto Umschlag)

Pfefferminzlikör

Wegen seines hohen Gehalts an Pfefferminzöl ist dieser Likör diätetisch besonders wertvoll. Bei Magen- und Darm-Verstimmungen hat er schon manchem gute Dienste geleistet. Außerdem hat er viele Freunde wegen seines kühlenden und erfrischenden Geschmacks. 1–2 Likörgläser Pfefferminzlikör in einem Limonadenglas, dazu ein paar Eiswürfel, ergeben ein köstliches Getränk für den Sommerabend.

1 Liter Pfefferminzlikör ca. 30 Vol.-%.

0,5-0,8 g	echtes engl. Mitcham-Pfefferminzöl
0,5 g	Menthol, kristallisiert
310 ml	Sprit
400 ml	Zuckerlösung

Wasser bis zur 1-Liter-Marke

Die Zutaten gut mischen. Der Likör bleibt wasserhell. Zum Färben des Pfefferminzlikörs etwas grüne Lebensmittelfarbe (Apotheke) in heißem Wasser auflösen und dem Likör nach und nach zusetzen, bis der gewünschte Farbton erreicht ist. Ein grüner Pfefferminzlikör ist natürlich ansprechender als ein nicht gefärbter. Er kann meistens ohne Filtration verwendet werden.

Wer einen leicht krautigen Geschmack beim Likör nicht ablehnt, kann 10 bis 15 g Pfefferminzblätter (8 bis 14 Aufgussbeutel Pfefferminztee) mit der oben genannten Menge Sprit versetzen und den Extrakt selbst herstellen. Der zuerst noch trübe Likör klärt sich nach 8 bis 10 Tagen von selbst.

Pfirsichlikör

Die Zubereitung dieses Likörs ist an die Erntezeit gebunden, denn konservierte und getrocknete Früchte sind wegen des sehr flüchtigen Aromas ungeeignet. Daher sollte man auch nur so viel Likör herstellen, wie bis Weihnachten aufgebraucht werden kann.

Ansatz

250–300 g	reife Pfirsiche
350 ml	Sprit

Die Pfirsiche werden entsteint, die Steine aufgeschlagen und die Kerne mit dem Fruchtfleisch in der Küchenmaschine unter Zusatz von Sprit zerkleinert.

Den Fruchtbrei in ein verschließbares Gefäß füllen und 14 Tage unter gelegentlichem Umrühren stehen lassen.

Anschließend den ganzen Ansatz auf ein Seihtuch geben, den Extrakt ablaufen lassen und mit der Hand nachpressen. Über die Rückstände so viel Wasser gießen, bis ca. 500 ml Gesamtextrakt beisammen sind.

1 Liter Pfirsichlikör ca. 30 Vol.-%

ca. 500 ml	Pfirsichextrakt
50 ml	Weinbrand
300 ml	Zuckerlösung

Wasser bis zur 1-Liter-Marke

Der leicht getrübte Likör klärt sich nach einiger Zeit von selbst und kann dann durch ein Papierfilter nachgefiltert werden. Der sonst so hilfreiche Zusatz von Zitronensäure ist für das Aroma des Pfirsichlikörs wenig geeignet.

Passionierte Teetrinker werden vom Teelikör (Seite 91) begeistert sein. Er wird meist mit Ceylon-Tee hergestellt, prinzipiell eignet sich aber jede Lieblingssorte. ▶

Quittenlikör

Die Frucht *Cydonia oblonga* stammt aus dem Orient und wird hauptsächlich in Südeuropa als Marmeladenfrucht angebaut, ist aber auch in unseren Gärten anzutreffen. Im Portugiesischen heißt sie Marmelos, wovon das deutsche Wort Marmelade abgeleitet ist.

Obwohl diese Kernfrüchte ein ausgeprägteres Aroma als Äpfel und Birnen haben, werden sie nur in manchen Gegenden im Haushalt verwendet. Bei Quitten wird oft ein Unterschied zwischen Apfel- und Birnenquitten gemacht. Für die Likörbereitung ist die Form der Frucht unerheblich, weil in beiden Sorten das Aroma gleichwertig vorhanden ist. Der manchmal störend wirkende überreiche Gehalt an Gerbsäure und Pektin wird durch einen Kochvorgang erheblich abgebaut. Durch das Kochen wird als weiterer Vorteil sogar eine Aromaverstärkung bewirkt.

Saft und Ansatz

500 g	Quitten
150 ml	Wasser
350 ml	Sprit

Quitten schälen und mit 150 ml Wasser in der Küchenmaschine zerkleinern. Diesen Brei bei schwacher Hitze ca. 15 Minuten kochen lassen. Nach Abkühlung die gekochten Früchte in ein Seihtuch füllen, Flüssigkeit ablaufen lassen und mit der Hand nachpressen. Den Saft mit 100 ml Sprit haltbar machen.

Die abgepressten Rückstände, die Schalen und 250 ml Sprit in einem verschließbaren Gefäß 14 Tage lang ansetzen.

◀ *Eierlikör (Seite 62) ist schnell hergestellt, weil nichts angesetzt werden muss. Genauso sollte er aber auch rasch verbraucht werden.*

Danach den ganzen Ansatz auf ein Seihtuch oder Papierfilter geben, Flüssigkeit ablaufen lassen und erst dann so viel Wasser über die Rückstände gießen, bis 250 ml Gesamtextrakt beisammen sind.

1 Liter Quittenlikör 32 Vol.-%

ca. 300 ml	gespriteter Quittensaft
250 ml	Quittenextrakt
60 ml	Rum-Verschnitt 40 %
250 ml	Zuckerlösung

Wasser bis zur 1-Liter-Marke

Zur Abrundung könnte etwas Vanillezucker ($^1/_2$–1 Teelöffel) beitragen. Auftretende Trübung sollte man in Ruhe absetzen lassen. Sicher kann der Quittenlikör nach 4 Wochen filtriert werden. Auch nach 2 Jahren ist dieser Likör noch ein Genuss.

Schlehenlikör

Schlehen sind die Früchte des stacheligen Schwarzdorns (*Prunus spinosa*), einem Busch, der oft Hecken zwischen den Feldern bildet. Schlehen muss man selbst suchen, denn kaufen kann man sie nicht. Die Früchte sind kugelig, blauschwarz und bläulich überhaucht. Das Fleisch schmeckt wegen des hohen Gerbsäuregehalts herbsäuerlich und wird erst durch Frost milder. Daher sollte man sie frühestens nach dem ersten Frost ernten. Zur Sicherheit kann man die Früchte noch einige Tage einfrieren.

Ansatz

250 g	Schlehen
0,5 g	Nelken
2 g	Johannisbrot
320 ml	Sprit

Die Schlehen werden verlesen, gewaschen und mit den Kernen zerkleinert. Den Früchtebrei mit den Gewürzen in ein verschließbares Glas füllen und den Sprit zusetzen. Nach 2 bis 3 Wochen den ganzen Ansatz mit Hilfe eines Seihtuchs entsaften. Rückstände auf ein Papierfilter geben und so viel Wasser darüber gießen, bis 450 ml Extrakt erreicht sind.

1 Liter Schlehenlikör ca. 30 Vol.-%

450 ml	Schlehen-Extrakt
40 ml	Weinbrand
20 ml	Rum-Verschnitt
250 ml	Zuckerlösung

Wasser bis zur 1-Liter-Marke

Die Farbe sollte rubinrot sein, sonst mit schwarzem Johannisbeer- oder dunklem Kirschsaft nachfärben.

Schokoladenlikör

Dieser wohlschmeckende Likör ist im Handel eine Rarität. Das liegt wohl daran, dass die im Kakao enthaltene Kakaobutter das Getränk mit der Zeit so stark nachdickt, dass es nicht mehr ausgeschenkt werden kann. Der Schokoladenlikör sollte deshalb bald nach der Zubereitung verbraucht werden. Frisch schmeckt er am besten.

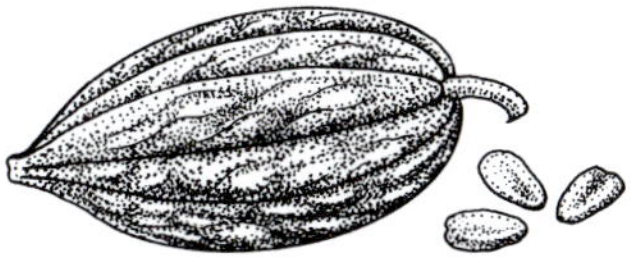

1 Liter Schokoladenlikör ca. 22 Vol.-%

150 ml	Vollmilch
100 g	fettarmes Kakaopulver
300 ml	Zuckerlösung
1/4	Päckchen Vanillezucker
3	Eier
250 ml	Sprit

Wasser bis zur 1-Liter-Marke

Vollmilch kurz aufkochen. Unter ständigem Rühren fettarmes Kakaopulver (20 % Kakaobutter), das mit 3 Esslöffel Milch angerührt wurde, zusetzen. Diese Masse noch heiß in den Messbecher der Küchenmaschine füllen und auf ca. 30 °C abkühlen lassen. Dann nach und nach die Zuckerlösung, den Vanillezucker und die Eier zugeben, zuletzt den Sprit und bis zur 1-Liter-Marke mit Wasser auffüllen. Es empfiehlt sich, den gemischten Likör im Wasserbad nochmals auf 40 °C zu erwärmen. Dabei das Rühren nicht vergessen! Den noch warmen Schokoladenlikör anschließend durch ein Kunststoffsieb laufen lassen und abfüllen.

Stonsdorfer

Das herzhaft-bittere Getränk kommt aus dem schlesischen Stonsdorf im Riesengebirge. Es ist ein echtes Produkt seiner Heimat und enthält viel Heidelbeersaft, ersatzweise getrocknete Heidelbeeren oder beides, dazu verschiedene Gewürze.

Ansatz

5 g	getrocknete Heidelbeeren
4 g	Johannisbrot
3 g	Anis
3 g	Sternanis
3 g	Chinarinde
2 g	Lakritzen
2 g	unreife Pomeranzen
2 g	Curaçaoschalen
1 g	Koriander
1 g	Zimt
1 g	Pfefferminze
0,5 g	Galgant
0,5 g	Wermutkraut
0,5 g	Piment
0,5 g	Nelken
130 ml	Sprit
20 ml	Wasser

Die Drogen zerkleinern und mit einer Mischung aus Sprit und Wasser 14 Tage lang extrahieren. Den ganzen Ansatz auf ein Papierfilter geben und den Extrakt ablaufen lassen. Zum Herausspülen des in den Drogen enthaltenen Alkohols so viel Wasser nachgießen, bis 250 ml Gesamtextrakt erreicht sind.

1 Liter Stonsdorfer ca. 35 Vol.-%

250 ml	Extrakt
280 ml	Sprit
230 ml	Zuckerlösung
150 ml	Heidelbeersaft

Wasser bis zur 1-Liter-Marke

Alle Zutaten sind gut zu mischen. Der Likör muss einige Tage ruhen und kann dann filtriert werden. Durch Lagern wird er immer feiner.

Teelikör

Ein pikantes und anregendes alkoholisches Getränk lässt sich aus schwarzem Tee bereiten. Für den Likör verwendet man am besten einen Ceylon Pecoe oder Pecoe-Souchong. Passionierte Teetrinker haben sicher ihre „Hausmarke“ und sollten es damit versuchen. Sie werden erstaunt sein, wie gut Tee sich auch zur Likörbereitung eignet.

Ansatz

30 g	Tee
0,2 g	Ceylon-Zimt
0,3 g	Vanille oder 1 Prise Vanillezucker
1 g	Rosinen
0,5 g	frische Zitronenschalen, dünn geschält
80 ml	Sprit
125 ml	Wasser
oder	
200 ml	Korn 40 Vol.-% statt Sprit und Wasser

Die Drogen mit der Mischung aus Sprit und Wasser oder dem Korn 7 Tage lang ansetzen. Danach den ganzen Ansatz auf ein Papierfilter geben und den Extrakt ablaufen lassen. Über die Rückstände so viel Wasser gießen, bis 200 ml Gesamtextrakt beisammen sind.

1 Liter Teelikör ca. 35 Vol.-%

200 ml	Tee-Extrakt
270 ml	Sprit
40 ml	Rum-Verschnitt 40 %
260 ml	Zuckerlösung

Wasser bis zur 1-Liter-Marke

Bei Bedarf den Likör mit Zuckerkulör nachfärben. Die Farbkorrektur ist sehr wichtig, da das Auge mittrinkt. Nach dem Mischen sollte der Teelikör einige Tage zur Ruhe kommen. Er kann dann filtriert, abgefüllt und bis zu einem Jahr gelagert werden. (Foto Seite 85)

Vanillelikör

Diesen Likör mit seinem ausgeprägten, weich-balsamischen, ein wenig exotisch anmutenden Vanillearoma muss man selber machen, weil er in Deutschland kaum hergestellt wird. Er eignet sich für den direkten Genuss, mehr noch als Geschmacksverfeinerung auf Vanille-Eiscreme oder mit herbem Sekt. Auch zur Abrundung vieler Fruchtsaftliköre aus eigener Produktion ist er bestens brauchbar.

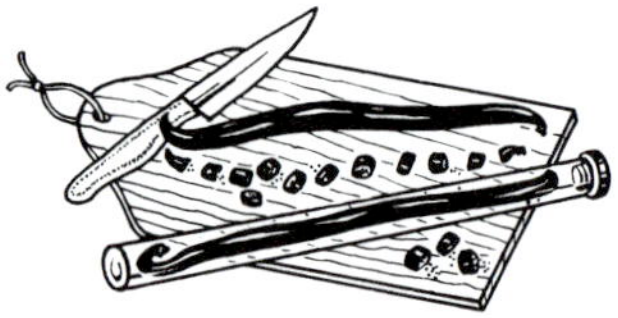

Vanilleextrakt

4	Vanilleschoten (12–15 g)
300 g	Zucker
300 ml	Wasser

Zu seiner Bereitung werden Vanilleschoten benötigt, denn Vanillinzucker kann die Aromafülle der Vanilleschoten nicht ersetzen. Die Schoten der Länge nach aufschneiden und das Mark (Samen) auskratzen. In einem Topf die Vanille zusammen mit Wasser und Zucker aufkochen und ca. 15 Minuten bei geöffnetem Deckel leicht siedend kochen.

Danach die Schoten herausnehmen, die Flüssigkeit über ein feines Sieb oder Papierfilter ablaufen und abkühlen lassen.

1 Liter Vanillelikör ca. 30 Vol.-%

ca. 450 ml	Vanilleextrakt
190 ml	Sprit
330 ml	Weinbrand

Wasser bis zur 1-Liter-Marke

Nach einer Ruhezeit von 4 Wochen lässt sich der Likör ohne Schwierigkeiten filtrieren. Zur Dekoration kann man eine oder zwei der aufgeschnittenen Schoten in die Flasche geben. (Foto Seite 68)

Zitronenlikör

Wie alle Zitrusfrüchte eignet sich auch die Zitrone für die Bereitung eines erfrischenden alkoholischen Getränks. Ein paar Eiswürfel, übergossen mit etwas Zitronenlikör, ergeben eine aromatische Erfrischung.

Meist ist der Zitronenlikör ein Destillatlikör. Das Aroma sitzt nämlich in der hellgelben Oberfläche der Schale und kann aus dieser am reinsten durch Destillation gewonnen werden.

Durch Mazeration (Ansetzen) kommt man aber ebenfalls zu einer guten Geschmacksnote, wenn man die Zitronen möglichst dünn schält.

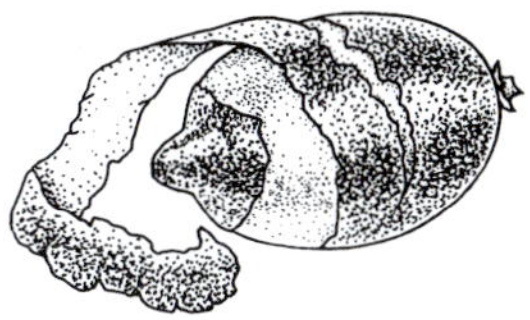

Ansatz

150 g	Zitronenschalen
20 g	Orangenschalen
300 ml	Sprit
60 ml	Wasser

Beim Kauf der Zitronen sollte man darauf achten, dass die Früchte als „unbehandelt" ausgewiesen sind (Bioladen, Reformhaus). Das manchmal vom Verkaufspersonal empfohlene Abwaschen mit heißem Wasser ist beinahe unwirksam, da die konservierende Schutzschicht aus wasserunlöslichen Substanzen besteht.

Die so ausgewählten Zitronen dünn schälen. Die zerkleinerten Schalen in ein verschließbares Gefäß füllen und mit der oben genannten Mischung aus Sprit und Wasser übergießen.

Nach ca. 8 Stunden den ganzen Ansatz auf ein Papierfilter geben, den Extrakt ablaufen lassen und so viel Wasser über den Rückstand gießen, bis man 400 ml Gesamtextrakt erhält.

1 Liter Zitronenlikör ca. 25 Vol.-%

400 ml	Schalenextrakt
330 ml	Zuckerlösung
30 ml	Zitronensaft

Wasser bis zur 1-Liter-Marke

Sollte sich nach einigen Tagen an der Oberfläche des Likörs eine wasserhelle Schicht abzeichnen, dann sind trotz des niedrigprozentigen Ansatzalkohols auch wertlose Ölbestandteile (Terpene) gelöst worden. Wie die Ölschicht beseitigt werden kann, ist beim Orangenlikör auf Seite 82 beschrieben. Zitronenlikör ist bei kühler und dunkler Lagerung bis zu einem Jahr haltbar.

Kleines Abc für Likörfreunde

Glossar bekannter Spirituosen

Abacate: Brasilianischer Birnenlikör.

Absinth: Destillat von Wermutkräutern. Wegen seines Gehalts an Thujon (Nervengift) in Deutschland und den meisten europäischen Ländern verboten. Ursprünglich Bestandteil des Pernod.

Advokat (Advocaat): Aus dem Holländischen kommende Bezeichnung für Eierlikör.

Aguardente (Aguardiente): Portugiesischer bzw. spanischer klarer Schnaps, Destillat aus Trauben (– de vinho), Äpfeln (– de sidra), Zuckerrohr (– de cana), Feigen (– de figos), Erdbeeren (– de medronhos). Gelegentlich kann auch Zucker zugesetzt werden.

Åhus: Schwedischer Branntwein aus Kartoffeln mit Kräuterzusatz.

Albado: Kubanischer Orangenlikör mit Rumgeschmack.

Allasch: Unter Verwendung von Kümmelsamen hergestellter Kümmellikör mit hohem Alkoholgehalt (40 Vol.-%) und reichlich Zucker. Der Name stammt vom Ursprungsort, einem kleinen Dorf bei Riga.

Amarillon: Kubanischer Rumlikör (Chartres).

Angostura: Magenbitter, benannt nach gleichnamiger venezolanischer Stadt. Wirksames Mittel gegen fiebrige Erkrankungen. Nicht für direkten Genuss bestimmt. Bestandteil vieler Bargetränke.

Anisado: Spanische Anisgetränke.

Anis Escarchado: Portugiesischer Anislikör mit Zuckerkristallblumen an der Innenwand der Flasche.

Anislikör: Destillatlikör aus Anis, mit Fenchel und Koriander. Stark verbreitet in den romanischen Ländern, Rumänien, Griechenland und dem Mittleren Orient.

Anisschnäpse:
Spanien: Ojen, Anis del Mono
Frankreich: Oxygenee, Pastis (Korsika), Pernod, Ricard
Griechenland: Ouzo, Mastika
Türkei: Raki
Nordafrika: Tafia-Schnaps
Italien: Sambuca.

Apéritif: Sammelbezeichnung für appetitanregende, alkoholhaltige Getränke auf Wein- oder Branntweinbasis. Die Bezeichnung ist vom lateinischen Wort aperire, öffnen, abgeleitet. Ein Apéritif ist die Eröffnung eines Mahls und damit die Vorbereitung des Magens.

Apple Brandy (Applejack): Apfelbranntwein in angelsächsischen Ländern, kann in England auch ein Likör sein

Apry: Französischer Branntwein aus Armagnac und Aprikosen.

Aquavit (Akvavit, Akevitt): Aus dem mittelalterlichen Namen aqua vitae = Lebenswasser abgeleitete Bezeichnung für einen mit Kümmel und anderen Gewürzen zubereiteten Branntwein. Besonders vielfältig verbreitet in Skandinavien und Norddeutschland.

Araka: Russischer (sibirischer) Branntwein aus Milch.

Armagnac: „Weinbrand“ aus dem Armagnac, einer südfranzösischen Landschaft in der Gascogne, 40 Vol.-%.

Arrak: Auf Java, auf Sri Lanka, an der Küste von Malabar, in Thailand, Persien und Ägypten heimischer Branntwein aus Zuckerrohrmelasse und Reis, in Goa und auf Sri Lanka außerdem noch mit Zusatz von vergorenem Saft des Blütenstängels der Zuckerpalme. Was der Rum für die Länder des amerikanischen Kontinents bedeutet, das ist der A. für den asiatischen Raum, nämlich das am weitesten verbreitete alkoholische Getränk. In Europa versteht man im Allgemeinen unter A. einen aus Reis, Melasse und zuckerhaltigen Pflanzensäften in Indien (Goa), auf Java (Jakarta), auf Sri Lanka und in Thailand hergestellten Branntwein. Alkoholgehalt: für den Export 55 bis 60 Vol.-%, für den heimischen Konsum (Küstenarrak) 50 Vol.-%.

Aufgesetzter: In Westfalen übliche likörähnliche Zubereitung aus Johannisbeeren und anderen Früchten, Alkohol (Korn oder Sprit) und Zucker.

Bacardi: Firmenbezeichnung für einen kubanischen Trinkrum (Ron), der inzwischen auch auf den Bahamas hergestellt wird. Er ist schwacharomatisch und hat im amerikanischen Raum die gleiche Bedeutung wie der Korn in Deutschland.

Bagaceiro: Portugiesischer Tresterbranntwein.

Barack: Ungarischer Aprikosenbranntwein, ca. 43 Vol.-%.

Bärenfang: Aus Ostpreußen stammende Mischung aus Honig und Branntwein. Handelsüblich mit 250 g Honig im Liter, ca. 35 Vol.-%.

Bénédictine DOM (Deo optimo maximo): Französischer Marken-Kräuterlikör, aus der ehemaligen Benediktiner-Abtei Fécamp in der Normandie, 43 Vol.-%.

Blackberry Brandy: Brombeerlikör mit Zusatz von Brombeergeist, 25 bis 35 Vol.-%.

Black Currant Likör: Schwarzer Johannisbeerlikör aus Dänemark.

Blending: Mischen von Grain- und Malt-Whisky beim Scotch.

Bolonachi: Ägyptischer Whisky aus Gerste.

Bommerlunder: Deutscher Marken-Aquavit, 40 %.

Boonekamp: Magenbitter holländischen Ursprungs. Bekanntestes deutsches Erzeugnis: Underberg.

Borovicka: Wacholderbranntwein der slowakischen Karpaten (Maisalkohol mit Wacholderdestillat).

Bourbon Whiskey: Amerikanischer und kanadischer Whiskey aus 51 % Mais und 49 % Roggen. Der Name stammt von Bourbon Country, einem Landkreis in Kentucky (USA).

Bous: Litauischer Kräuterlikör auf Bierbasis.

Brandy: Englische Bezeichnung für Branntwein, aus dem holländischen Wort Brandewijn. Allgemein wird unter B. ein Branntwein verstanden, der aus Traubenwein, Apfelwein und anderem destilliert ist. Deutsche Liköre mit dem Zusatz „brandy“ müssen eine bestimmte Menge des Branntweins enthalten, nach dem sie benannt sind, z. B. Cherry Brandy. Die Länder Bulgarien, Italien (dort acquavita di vino genannt), Spanien, Südafrika, Kanada, USA, Mexiko und Israel verstehen unter B. einen Branntwein aus Wein bzw. Weinbrand entsprechend den deutschen Bestimmungen, 30 bis 40 Vol.-%.

Branntwein-Verschnitt: Deutscher Trinkbranntwein, dessen Alkohol aus mindestens 10 % Weinbrand und 90 % Sprit besteht.

Buza in Ägypten, *Boukla* in Tunesien: Branntwein aus Datteln oder Feigen.

Cachaça: Südamerikanischer → Rum unterschiedlicher Qualität.

Calisay: Spanischer chininhaltiger Magenlikör.

Calvados: Französischer Apfelbranntwein aus Äpfeln des Départements Calvados, 42 bis 44 Vol.-%.

Campari: Italienischer Markenlikör aus Chinarinde, Enzianwurzeln und Orangenschalen, 30 Vol.-%.

Capricornia: Australischer Likör auf der Basis tropischer Früchte.

Cassis: Fruchtsaftlikör aus schwarzen Johannisbeeren, ursprünglich aus Dijon, 25 bis 30 Vol.-%.

Centerbe (ital. = 100 Kräuter): Italienischer Kräuterlikör, überwiegend Pfefferminzgeschmack.

Ceresette: Tessiner Likör mit eingemachten Kirschen.

Cerasella: Italienischer Kirschlikör.

Chartreuse: Französischer Marken-Klosterlikör, nach dem Stammkloster des Karthäuserordens La Grande Chartreuse bei Grenoble benannt. Alkoholgehalt: jaune (gelb) 43 Vol.-%., verte (grün) 55 Vol.-%.

Cherry Bounce: Amerikanischer Magenlikör auf Kirschwasserbasis.

Cherry Brandy: Kirschlikör mit Zusatz von Kirschwasser, 25 bis 35 Vol.-%.

Cherry Heering: Dänischer Marken-Kirschlikör.

Chicha: Maisbranntwein in Chile, Mexiko und Bolivien von scharfem Geschmack.

Cider-Oil: Englischer Likör aus mit Honig gekochtem Apfelsaft, gemischt mit Apfel-Gin.

Cocktail: Alkoholisches Mischgetränk, das unmittelbar vor dem Genuss zubereitet wird.

Cognac: Französischer „Weinbrand“, gewonnen durch Destillation von Weinen der Departements de la Charente, de la Dordogne und des Deux Sèvres. Der Name stammt vom Zentrum dieses Anbaugebiets, der Stadt Cognac. Deutscher Weinbrand, der ebenfalls aus Weinen dieser Gegend destilliert ist, darf lt. EU-Recht nicht mit C. bezeichnet werden. In folgenden Ländern wird Branntwein aus Wein ebenfalls als Cognac bezeichnet: Uruguay, Zypern, Brasilien (conhaque), Türkei (Kanyak), Russland (Konjak), Spanien (Coñac).

Cordial: Bezeichnung für schwach gesüßte Spirituosen in angelsächsischen Ländern.

Cordial Médoc: Likör, ursprünglich aus dem französischen Weinbaugebiet Médoc (Bordeaux), mit mindestens 20 % Weinbrand (im Original 100 %), Fruchtextrakten (unter anderem Veilchenwurzeln) und Wein, 38 bis 40 Vol.-%.

Creme-Liköre: Dickflüssige, süße Liköre auf der geschmacklichen Basis von Früchten und Blättern, wie C. de Cacao, de Vanille, de Menthe, de Prunelle usw.

Curaçao: Likör in vielen Farben aus den Schalen der pomeranzenähnlichen Curaçaofrucht. Sie wurde ursprünglich auf der Antilleninsel Curaçao angebaut, 30 bis 40 Vol.-%.

Cynar: Auf Artischockenbasis hergestellter Bitterlikör.

Damjan: Mexikanischer Chrysanthemenlikör auf Weinalkoholbasis.

Danziger Goldwasser: Ältester deutscher Gewürzlikör, ehemals Zunftgetränk der Danziger Goldschmiede. Destillatlikör mit hohem Zuckergehalt und Zugabe von Blattgold, 38 Vol.-%.

Diabetiker-Sprituosen: Die während des Abbaus des Alkohols im menschlichen Körper sich bildenden Zwischenprodukte können beim Diabetiker schon nach Genuss relativ geringer Alkoholmengen einen tödlichen Ausgang herbeiführen. Aus diesem Grund wird von Ärzten im Allgemeinen die Anfertigung spezieller Diabetikerspirituosen abgelehnt, um die Kranken nicht in einer Sicherheit zu wiegen, die nicht vorhanden ist.

Dram: Dänische und norwegische volkstümliche Bezeichnung für Kartoffel- oder Zellulosebranntwein.

Drambuie (dram buidheach = Trank, der zufrieden macht): Schottischer Whisky-Honig-Kräuterlikör, 40 Vol.-%.

Dry (engl. = trocken, entsprechend franz. sec): Deutet bei Spirituosen auf hohen Alkohol- und geringen Zuckergehalt hin.

Eau de Croole: Westindischer Likör aus den Blättern und Blüten des Mannea-Baumes (aprikosenähnliche Früchte).

Eierlikör: Emulsion aus Eigelb (handelsübl. 240 g/l), Zucker, Alkohol und Gewürzen, 20 Vol.-% (nicht lagerfähig).

Eisliköre: Liköre, bei denen Zuckerkristalle an der Flaschenwand sichtbar sind.

Elexir: Belgische Marken-Kräuterliköre (d'Anvers, de Spa) mit Orangen- oder Zitronenschalengeschmack.

Enzian: 45 bis 55%iger Branntwein aus der Wurzel des Gelben Enzians. Da Enzian in Deutschland unter Naturschutz steht, werden die Wurzeln aus Frankreich, Schweiz, Österreich und Ungarn importiert. Es gibt kaum noch echte Destillate für den direkten Genuss. Ein „Gebirgsenzian" enthält nur ca. 5 % echtes Enziandestillat, der Rest stammt aus Sprit.

Erewan: Lange gelagerter → Weinbrand aus dem armenischen Weinbauzentrum Erewan, bis 57 Vol.-%.

Escarchado: Portugiesischer Anislikör mit Zuckerkristallen an der Innenwand der Flasche.

Feccia (ital. = Gesindel): Ital. Weinhefebranntwein.

Fen-Djiu: Chinesischer Hirsebranntwein (Sorghum, Kao Liang), seit dem 11. Jahrhundert. Vergoren mit aus Weizen und süßen Erbsen gewonnener Hefe. Schmeckt etwas süß.

Fernet: Ital. Magenbitter, benannt nach dem ital. Arzt. Bekannteste Marke Fernet-Branca, 42 Vol.-%.

Finkel: Norwegischer Wacholderbranntwein, in Schweden Vorlaufbranntwein.

Forbidden Fruit: Amerikanischer Likör aus Orangen, Grapefruit oder Zitronen mit Weinalkohol. Er wird in einer apfelähnlichen Flasche verkauft, daher die Bezeichnung „Verbotene Frucht".

Fraises, Crème de: Französischer Erdbeerlikör.

Framboise; Eau de vie de Framboise: Französischer Himbeergeist.

Framboise, Crème de: Französischer Himbeerlikör.

Fruchtaromalikör: Gemäß den deutschen Bestimmungen aus Aprikosen, Pfirsichen, Pflaumen, Zitronen, Orangen oder Mandarinen hergestellter Likör. Muss keinen Fruchtsaft enthalten, 25 bis 40 Vol.-%.

Fruchtsaftlikör: Gemäß den deutschen Bestimmungen aus Ananas, Brombeeren, Erdbeeren, Kirschen, Johannisbeeren, Heidelbeeren oder Himbeeren hergestellter Likör. Er muss mindestens 20 % Fruchtsaft enthalten. Mindestalkoholgehalt 25 Vol.-%.

Genever (frz. Genièvre): Ein vor allem in Holland und Belgien hergestellter Branntwein aus Moutwijn (Kornbranntwein aus Mais, Roggen und Gerstenmalz), Sprit und Wacholderbeeren, 38 bis 40 Vol.-%.

Gerobada: Brasilianischer Branntwein aus den Früchten des Melonenbaums Papaya.

Gin: Ein ursprünglich von Holland nach England gekommener Branntwein aus Getreide oder Melasse, Wacholderbeeren und vielen Gewürzen (wie Koriander, Angelika, Orangenschalen, Mandeln, Lakritz, Akazienknospen und anderem), 38 bis 45 Vol.-%.

Ginginha: Portugiesischer Sauerkirschenlikör mit Früchten in der Flasche.

Girotte: Französischer Likör aus Sauerkirschen und Johannisbeeren.

Glen Mist (gälisch = Nebeltal): Irischer und schottischer Honiglikör auf Whiskybasis.

Gorikla: Wodka aus der Ukraine mit leichtem Lindenblütenhonig-Aroma.

Gorzatka: Polnischer Roggenwodka mit langjähriger Lagerung.

Grain-Whisky: Englischer Getreidebranntwein, neutral schmeckend (Bestandteil des Scotch-W.).

Grand-Marnier: Französischer Markenlikör aus Weinalkohol (Cognac) und Curaçaoschalen, 40 Vol.-%.

Grappa: Italienischer (Tessiner) Traubentresterbranntwein, manchmal über Wermut- oder andere Kräuter destilliert.

Grenadine: Französischer Likör aus dem Saft der Granatäpfel (Grenadinesirup ist alkoholfrei und dient als Erfrischungsgetränk oder Bestandteil eines → Cocktails).

Guffins: Schwedischer Kümmellikör, 50 Vol.-%.

Guignolet: Französischer Kirschlikör mit Whisky, aus Angers.

Halb und Halb: Halb bitter und halb süß, eine Mischung aus Angostura und Likör aus Zitrusfrüchten, 32 bis 38 Vol.-%.

Herdsaint: Starker Absinthbranntwein in Louisiana, USA.

Herregårds: Schwedischer Branntwein aus Kartoffeln mit Kümmelgeschmack, 43 Vol.-%.

Honiglikör: siehe Bärenfang, Drambuie, Krupnikas, Tetsch, Glen Mist.

Houx: Sehr seltener Branntwein aus den Beeren der Stechpalme (Ilex), hergestellt im Elsass.

Inländer Rum: Österreichischer Branntwein mit künstlichem Rumgeschmack.

Iyi Raki: Türkischer Feigenbranntwein mit Anisgeschmack, 43 Vol.-%.

Izarra (baskisch = Stern): Französischer Kräuterlikör mit Honig und Armagnac.

Jarcebinka: Tschechischer Branntwein, auch Likör, aus Beeren der Ebereschen (Vogelbeeren).

Jerinac: Spanischer Weinbrand aus dem Weinbaugebiet Jerez.

Kahlúa: Mexikanischer Kaffeelikör auf → Tequilabasis.

Kaszinbarack: Ungarischer Aprikosenbranntwein.

Kao-Liang: Chinesischer Hirsebranntwein.

Karakumyss: Mongolischer, aus Stutenmilch hergestellter Branntwein.

Karpi: Finnischer Moosbeerenlikör, 31 Vol.-%.

Kirsch mit Rum: Kirschlikör mit Zusatz von Original-Rum, 25 Vol.-%.

Kirschwasser: Ein durch Destillation von vergorenen Kirschen hergestellter Edelbranntwein, 40 bis 50 Vol.-%. Schwarzwälder K. ist eine Herkunftsbezeichnung.

Klekovac (Klekowatsch): Wacholderbranntwein aus dem Balkan auf Slibowitzbasis mit leichtem Zitronengeschmack.

Klúkwännyj: Russischer Moosbeerenbranntwein.

Komovica: Kroatischer weinbrandähnlicher Branntwein.

Kontuczowka: Polnischer Likör mit Lavendelgeschmack.

Korn: Ausschließlich aus Roggen, Weizen, Buchweizen, Hafer und/oder Gerste hergestellter Branntwein, Mindestalkoholgehalt 32 Vol.-%, Doppelkorn 38 % vol.

Krambambuli: Danziger Wacholderbranntwein aus den Beeren des Kranatbaumes (Danziger Bezeichnung für Wacholderbaum). Das Wort Krambambuli stellt eine studentische Verballhornung von „Kranatbaum" dar.

Kranawitter: Tiroler Wacholderbranntwein.

Kristall-Liköre: Liköre, die Zuckerkristalle an den Innenwänden der Flasche ausscheiden.

Kroatzbeere: Fruchtsaftlikör aus Brombeeren. Kroatzbeere ist die schlesische Bezeichnung für Brombeere.

Krupnikas: Litauischer Honiglikör.

Kuläp-Raki: Türkischer Anisbranntwein aus Rosinen, 50 Vol.-%.

Kurfürstlicher Magenbitter: Bitterer Pomeranzenlikör, ursprünglich aus Danzig.

Kvo-Tsjé U: Sammelbezeichnung für chinesische Obstbranntweine und -liköre.

Lakka: Finnischer Likör aus der brombeerartigen Moltebeere (*Rubus chamaemorus*).

Lemon-Gin: Schottischer Gin mit Zitronengeschmack.

Machandel: Ostpreußischer Wacholderbranntwein, getrunken mit einer mit Machandel getränkten Pflaume.

Malt-Whisky: Schottischer Getreidebranntwein aus Malz (gekeimte Gerste), Bestandteil des Scotch-W.

Malteserkreuz-Aquavit: Dänischer, in Deutschland hergestellter Marken-Aquavit, 43 Vol.-%.

Mao-Tai-Djiu (Kwaichou): Chinesischer Anislikör, 53 Vol.-%.

Maraschino: Farbloser Likör aus dem Destillat von Maraskakirschen (Dalmatien), nach Kriegsende auch aus Maraskakirschen um Venedig (Driolo) und Padua (Luxardo), 32 Vol.-%.

Marc: Französischer Traubentresterbranntwein (M. de Dôle, M. de Bourgogne, M. de Chablis u. v. a.).

Marniquelikör: Australischer Mandarinenlikör mit Weinalkohol.

Matiska: Anisbranntwein (auch Likör) in Griechenland unter Verwendung von Mastix, dem Harz des Pistazienbusches, ursprünglich aus Chios, 35 Vol.-%.

Mata Biocho: Portugiesischer Traubentresterbranntwein.

Medronhos: Portugiesischer Erdbeerbranntwein, auch -likör.

Mentuccia: Italienischer Pfefferminzlikör.

Mescal, auch Mexikal: Mexikanischer Branntwein aus dem vergorenen Saft der Agave. Es ist eine Art des → Tequila.

Mesimaria: Finnischer Likör aus der Beere von *Rubus arcticus* (Deutsch: Arktische Himbeere) mit Honig, 28 Vol.-%.

Metaxa: Griechischer Markenbranntwein aus roten Trauben (vielfach aus Wein mit Harzzusatz).

Miod: Polnischer Branntwein aus vergorenem Honig.

Moi-Kwai-Lo: Chinesischer Rosenlikör mit Hirsebranntwein.

Moutwijn: Holländischer Branntwein aus Mais, Roggen und Gerstenmalz. Heute nicht mehr für den direkten Genuss bestimmt, sondern als Zusatz (bis zu 5 %) bei der Herstellung von Genever.

Muscat-Brandy: Chilenischer Weinbrand aus weißen Muskatellertrauben.

Nalewka: Ostpreußischer Kirschgewürzlikör mit Zusatz von Himbeersaft.

Naliwka (Nalifka): Russische (Baltische) Liköre aus Erdbeeren, Pflaumen, Kirschen oder Wildbeeren der Arktis.

Noisette, Crème de –: Französischer Likör aus Hasel- oder Walnüssen und aromatischen Kräutern und Blüten.

Nostranello: Tessiner Traubentresterbranntwein aus Nostranotrauben.

Nujuki: Österreichischer Likör aus grünen Walnüssen.

Obstgeist: Aus frischen (unvergorenen) Früchten und Alkohol destillierter Branntwein, 40 bis 50 Vol.-%.

Obstwasser: Aus dem Alkohol vergorener Früchte durch Destillation gewonnener Branntwein, 40 bis 50 Vol.-%.

Ödårka: Schwedischer Branntwein (Aquavit) aus Kartoffeln mit Gewürzen wie Kümmel, Koriander, Anis und Fenchel.

Ogogoro: Branntwein aus vergorenem Palmensaft in Lagos.

Ojen: Spanischer anisgewürzter, absinthähnlicher Branntwein.

Okolehao: Hawaiianischer Branntwein aus gemälztem Reis, Mais, Melasse und Zuckerrohrsaft unter Zusatz von Ti-Wurzeln (Liliaceae).

Old Tom Gin: Gesüßter Gin aus Plymouth.

Olle: Guatemaltekischer „Wodka“ aus Mais.

Orangen-Gin: Englischer Gin mit Zusatz von Pomeranzenbitter.

O'ssake: Japanischer Branntwein aus Sake (Reiswein).

Öszi-Barack: Ungarischer Pfirsichbranntwein.

Ouzo, Oyzo: Griechisches Nationalgetränk, Branntwein aus Wein mit Anisgeschmack.

Peach Brandy: Englischer Pfirsichlikör.

Pernod: Französischer Marken-Anisbranntwein, 45 Vol.-%. Wird mit stillem Wasser (1 : 5) getrunken.

Pimento Dram: Westindischer dunkelroter Likör, auf Rumbasis unter Beigabe von Pimentbeeren (Nelkenpfeffer).

Pineau des Charentes: Mischung aus Cognac und Traubensaft, 18 Vol.-%.

Piquet: Lütticher Wacholderbranntwein.

Pisco: Indianischer „Weinbrand“ aus Muskatellertrauben des Weinbaugebiets um Pisco (Peru). Auch in Chile, Argentinien und Bolivien Bezeichnung für „Weinbrand“. Lagert für den Export in Tonkrügen.

Pliska: Bulgarischer Weinbrand.

Plymouth Gin: Englischer, gesüßter Gin, auch Old Tom Gin genannt.

Polar: Finnischer Likör aus der Moosbeere *(Vaccinium Oxycocus)*, 25 Vol.-%.

Pomry: Calvadoslikör.

Prpetschenitza: Lang gelagerter Pflaumenbranntwein in Rumänien, Bulgarien und aus dem Balkan.

Prune sauvage: Schlehenbranntwein im Elsass.

Prunelle, Crème de: Französischer Pflaumenlikör mit Zusatz von Zwetschgenwasser und Schlehenbranntwein, in Deutschland (Schwarzwald) aus der gelben Pflaume (Zybarte) zubereiteter Likör.

Punsch: Alkoholisches Heißgetränk aus Punschextrakt (hergestellt aus Rum

Einen aromatischen Auszug für den Apfellikör (Seite 53) kann man mit Sprit, aber auch mit Apfelbranntwein oder Calvados herstellen. ▶

oder Arrak, Sprit, Wein, Gewürzen und Zucker, 40 bis 50 %) und heißem Wasser (1 : 2).

Que Mado: Chilenischer, gesüßter Branntwein mit Zitronengeschmack.

Quetsch: Elsässisches Zwetschgenwasser.

Raki: Hauptsächlich in der Türkei zubereiteter Branntwein aus Rosinen oder Feigen mit kräftigem Anisgeschmack. Wird mit Wasser 1 : 5 verdünnt getrunken.
Alkoholgehalt: Kuläp Raki 50 Vol.-%, Yeni Raki 45 Vol.-% (beide aus Rosinen), Iyi Raki 43 Vol.-% (aus Feigen).

Ratafia: Ältere Bezeichnung für Fruchtsaftliköre, heute nur noch in Italien und Frankreich gebräuchlich.

Ratschi: Traubentresterbranntwein auf Kreta.

Renat: (renat = reiner) Schwedischer Branntwein aus Kartoffeln, 40 Vol.-%.

Rigaer Balsam: Estnischer Wodka mit Kräutergeschmack, Magenbitter, 40 Vol.-%.

Rjabinowka: Baltischer Ebereschenlikör.

Rubinosa: Schwedischer Schlehenlikör.

Rum: Destillat aus vergorener Zuckerrohrmelasse und anderen bei der Zuckerproduktion anfallenden Stoffen.
Bekannteste Erzeugergebiete: Jamaika, Kuba, Barbados, Puerto Rico, Französisch Guayana, Mauritius, Martinique, Madagaskar.
Sorten der ehemals britischen Kolonien: Common Clean oder Local Trade Quality: für den Konsum im Ursprungsland, Alkoholgehalt: Trinkstärke, Home Trade Quality oder Medium: für den britischen Verbraucher, Alkoholgehalt: Trinkstärke, Continental oder German Flavour: für den Verbrauch auf dem europäischen Festland, Alkoholgehalt ca. 75 Vol.-%.
Sorten in Deutschland: Original-Rum: nach Deutschland importierter German Flavour Rum ohne jede Veränderung. Echter Rum: Original-Rum, in Deutschland durch Wasser auf Trinkstärke herabgesetzt. Rum-Verschnitt: Mischung aus Original-Rum (mindestens 5 % des Gesamtalkoholgehalts), Monopolsprit und Wasser, 38 bis 55 Vol.-%.

Rye-Whisky: Amerikanischer Whisky mit mindestens 51 % des Alkohols aus Roggen (Rye).

Sabra: Israelischer Kakteenlikör mit Zitrussaftzusatz.

Sahneliköre: Meistens eine Mischung aus Mokka- oder Schokoladenlikör und 10 %iger Sahne, 20 Vol.-%.

Sake: Japanische Sammelbezeichnung für Reiswein, aber auch Reisbranntwein.

Sambuca: Italienischer Anislikör mit einem Zusatz von Holunderblüten.

Samagonka: Russischer, schwarzgebrannter Wodka.

Shao-Hsing-Djiu: Berühmter Reisbranntwein aus der Provinz Chekiang.

Sapekanka: Bessarabischer Pflaumenlikör.

Sapenka: Baltischer Pflaumenlikör.

Sapindor: Französischer Tannenlikör aus Pontarlier.

Schiwotiza, auch *Civovitzka*: Ungarischer Pflaumenlikör.

Schwedenpunsch: In den skandinavischen Ländern beheimateter Likör aus Arrak, Zitronenschalenauszügen und Wein, 25 bis 30 Vol.-%. Wird eiskalt getrunken.

Skåne: Schwedischer Branntwein aus Kartoffeln mit Kümmelgeschmack.

◀ *Halb herb und halb süß, mit Orangenschalen, Zimt, Nelken und Kardamom, ist der Halb und Halb (Seite 64) ein feiner Likör für die Weihnachtszeit.*

Slibowitz, auch *Slivovitz, Sljivovica, Slikowitz:* Zwetschgenwasser des Balkans. Sliva (serbisch) = Pflaume. Alkoholgehalt: Keka 25 Vol.-%, Ljuta 35 Vol.-%.

Sling: Asiatische Gemische (Cocktails) aus Arrak, Rum, Ingwerlikör, Ananas, Feigen, Bananen, Mispeln, Blütenextrakten und Gewürzen.

Sloe Gin: Englischer Schlehenlikör aus Kornsprit.

Sok-Djiu (jap. Shochu): Branntwein aus Reis in China (und Japan).

Solbœ rrom: Dänischer Fruchtsaftlikör aus schwarzen Johannisbeeren und Rum, 28 Vol.-%.

Southern Comfort: Amerikanischer Bourbon-Whiskey-Likör mit Pfirsicharoma.

Spotykatsch: Ukrainischer Likör aus besonders gedörrten Sauerkirschen, Pflaumen und Süßkirschen.

Steinhäger: Westfälischer Branntwein mit Wacholdergeschmack, 38 Vol.-%. Wurde ursprünglich in Steinhagen hergestellt.

Stonsdorfer: Marken-Bitterlikör aus Bitterdrogen und Heidelbeersaft, 30 bis 35 Vol.-%, ursprünglich aus Stonsdorf in Schlesien.

Strega, La (ital. = die Hexe): Italienischer Marken-Kräuterlikör.

Subrovka, auch *Zubrovka:* Polnischer Wodka mit zartem, waldmeisterähnlichem Geschmack (Büffelgras), 40 Vol.-%.

Sumár: Traubentresterbranntwein auf Samos.

Suze à la Gentiane: Französischer Apéritif auf Enzianbasis.

Taffel: Dänischer Akvavit, 45 Vol.-%.

Tapej: Chinesische Bezeichnung für Arrak.

Tia Maria: Likör aus Jamaika auf der Basis von Rum, Kaffee und Kräutern, 34 Vol.-%. Wird eiskalt getrunken.

Tequila: Mexikanischer Branntwein aus dem Saft der blaugrünen Maguey, die zur Familie der Agaven gehört. Sie wird in der Umgebung der Stadt Tequila, im Staat Jalisco, in Plantagen angebaut. Nur der hier erzeugte T. darf diese Bezeichnung tragen, 42 Vol.-%.

Tetsch: Abessinischer Honiglikör aus vergorenem Honig und Blättern und Wurzeln des Rhamnusbaumes, schwachprozentig.

Three Seven (777): Israelischer Marken-„Weinbrand".

Topinambur: Branntwein aus Topinambur, mit erdigem Geschmack.

Trester: Branntwein aus den ausgepressten Trauben. Bezeichnungen: Grappa (Italien und Tessin), Treber (Südtirol), Marc (Frankreich) Mata Bicho (Portugal), Ratschi (Kreta), Sumár (Samos), Tsigudja (griech. Inseln), Yea (Südamerika).

Triple sec: Französisches Wort für „dreifach trocken". Deutet bei Spirituosen auf hohen Alkohol- und geringen Zuckergehalt hin.

Tsigudia/Tsipuro: Traubentresterbranntwein auf griechischen Inseln.

Tuba: Philippinischer Branntwein aus Kokosmilch und Zuckerrohrsaft.

Tuika: Einfacher Pflaumenbranntwein in Rumänien und Bulgarien.

Ume-Shu: Chinesischer Pflaumenlikör.

Van der Hum-Likör: Südafrikanischer Likör aus Weinbrand mit Auszügen von Tangarinenschalen (Mandarinenart) und Gewürzen.

Veesky: Russischer Whisky.

Vinjak: Serbischer, lang gelagerter Weinbrand.

Vlahoc: Kirschlikör aus Maraskakirschen aus dem Balkan.

Waragi: Bananenbranntwein aus Uganda.

Weinbrand: Deutscher Branntwein aus Wein zugelassener Rebsorten, der mindestens 6 Monate auf Eichenholzfässern gelagert wurde. Bei Verwendung eines Altersprädikats muss er mindestens 1 Jahr lagern. Außerdem muss W. amtlich geprüft werden. Auf dem Etikett muss die Prüfnummer vermerkt sein.

Whisky (in USA und Irland: *Whiskey*): Die Bezeichnung Whisky ist aus dem Gälischen „usquebaugh" oder „uisge beatha" entstanden und bedeutet Lebenswasser. Sprachforscher wollen wissen, dass diese Worte von „aqua vitae" (Lebenswasser) abgeleitet sind, der mittelalterlichen lateinischen Bezeichnung für Branntwein. In der französischen Sprache bezeichnet man heute noch eine große Branntweingruppe mit „eau de vie" (Lebenswasser). Wodka ist wahrscheinlich die volkstümliche Vereinfachung von „Lebenswasser". Whisky wurde bereits im 12. Jahrhundert in Irland gebrannt. Im 15. Jahrhundert wurde er erstmals unter der Bezeichnung „uiske" in Schottland erwähnt. Seitdem nimmt Whisky den ersten Platz unter den alkoholischen Getränken der angelsächsischen Länder ein. Er ist überall ein Kornbranntwein, der den jeweiligen Bedingungen angepasst wurde.
Schottland: Hergestellt aus Gerstenmalz (Malt-W.) und/oder Roggen, Gerste, Mais und Hafer (Grain-W.). Der in Deutschland am meisten verkaufte Scotch ist eine Mischung (blended) aus Malt- und Grain-W., 43 Vol.-%.
Irland: Hergestellt aus Gerstenmalz (ca. 45 %), Roggen, Hafer und Weizen. Er schmeckt kräftig nach Malz, 43 Vol.-%.
USA: Hergestellt aus Roggen (Rye-W.) oder aus Mais (Bourbon-W.). Rye-W. muss zu 51 % aus Roggen, Bourbon-W. zu 51 % oder mehr aus Mais bestehen. Wenn beide Sorten unvermischt verkauft werden, dürfen sie als „straight" bezeichnet werden. Trägt das Etikett die Bezeichnung „blended", so ist es immer eine Mischung aus Rye- und Bourbon-W., 40 Vol.-%, mit dem Zusatz „bottled in bond" (= abgefüllt unter Zollaufsicht), 50 Vol.-%. Lagerzeit: mindestens 2 Jahre, bei „bottled in bond" 4 Jahre.
Kanada: Hergestellt aus Roggen oder Mais. Blending bei besonders aromatischen Typen „Flavourings" mit neutralem Getreidesprit, 40 Vol.-%. Lagerzeit mindestens 2 Jahre.

Witblits: Südafrikanischer Pfirsichbranntwein.

Wodka: Die Bezeichnung W. ist abgeleitet von dem russischen Wort woda = Wasser. Durch das Anhängen der Verkleinerungssilbe -ka wurde Wodka = Wässerchen. W. ist ein russischer oder polnischer Korn- oder Kartoffelbranntwein von besonderer Reinheit, 40 bis 56 Vol.-%.

Yea: Südamerikanischer Tresterbranntwein.

Yeni-Raki: Türkischer Rosinenbranntwein mit Anisgeschmack.

Zibarte (auch *Zipparte*): Branntwein des Schwarzwalds aus der wild wachsenden Pflaume Zibarte.

Zubrowka: Polnischer Wodka mit zartem, waldmeisterähnlichem Geschmack aus Büffel- oder Mariengras, das in der Flasche enthalten ist.

Zuika: Einfacher Pflaumenbranntwein in Rumänien und Bulgarien.

Literatur

Abc des Destillateurs, 1. Band. Neuer Verlag der Deutschen Destillateur-Zeitung, Berlin 1939.

Andreae, I.: Alle Liköre dieser Welt, Seewald Verlag, Stuttgart 1973.

Arntz, H.: Weinbrenner. Die Geschichte vom Geist des Weines. Busse u. Seewald, Herford 1982.

Brose, R.: Brennen nach Vorschrift. 2. Aufl. Eugen Ulmer, Stuttgart 1984.

Drogenfibel für Destillateure. Institut für Gärungsgewerbe Berlin. Berlin 1954.

Fritzsche, H.: Heil- und Gewürzkräuter aus dem eigenen Garten. 3. Aufl. Eugen Ulmer, Stuttgart 1995.

Goettler, H.: Lexikon der Spirituosen- und alkoholfreien Getränke-Industrie. 4. Aufl. Carl Knoppke und Grüner, Verlag und Vertrieb, Berlin 1958.

Klever, U.: Die clevere Schnaps-Postille. Rowohlt-Taschenbuch-Verlag, Hamburg 1966.

Koekritz, F.: Handbuch des Destillateurs. Stamm, Gentsch & Co, Berlin 1939.

Mehlitz, A.: Süßmost. 7. neubearb. Aufl. Serger & Hempel, Braunschweig 1951.

Pieper, H., Bruchmann, E. und Kolb, E.: Technologie der Obstbrennerei. 2. Aufl. Eugen Ulmer, Stuttgart 1993.

Praktikus, Destillateur-Praxis, 5. Band. Carl Stamm, Düsseldorf 1950.

Primus, Fruchtsaft- und Fruchtaromaliköre. Verlag der Deutschen Destillateur-Zeitung, Berlin 1938.

Thönges, H.: Fruchtsäfte, Weine, Essig und Liköre. 4. korr. Aufl. Eugen Ulmer, Stuttgart 2002.

Troll, T., und Oheim, G.: Wohl bekomm's. C. Bertelsmann Verlag, Gütersloh 1957.

Wesendonk, A. von: Schnäpse und klare Wässer. Heyne, München 1982.

Wüstenfeld, H., und Haeseler, G.: Trinkbranntweine und Liköre. 4. Aufl. Paul Parey, Berlin 1964.

Kleinbrennerei: Fachinformation für die Obst- und Getreidebrennerei. Erscheint monatlich im Verlag Eugen Ulmer, Stuttgart.

Bildquellen

Fotos:
Pfeifer & Langen AG, Köln: Seiten 2, 85, 104
Regina Kuhn, Stuttgart: Umschlagvorderseite und Seiten 49, 50, 67, 68, 103
Liesl Biber, A-Bisamberg: Seite 86

Zeichnungen: Anita Sulzbacher
Historische Zeichnung Seite 12: akg-images

Bezugsquellen

Alkohol/Primasprit/Weingeist

In Apotheken, bei Spezialversendern (Adressen s. unten)

L. Brüggemann KG
Salzstr. 123–131
74076 Heilbronn
Tel.: 071 31/15 75-0
Fax: 071 31/15 75-165
E-Mail: alkohol@brueggemann.com
www.brueggemann.com

Waagen

Präzisionswaagen, die sich für die Likörherstellung eignen, erhalten Sie in guten Haushaltsgeschäften.

Messgläser und -becher, Trichter, Korkschneider und sonstiges Zubehör

... erhalten Sie bei Spezialversendern (Adressen siehe rechts).

Antigeliermittel

... erhalten Sie in Apotheken und bei Spezialversendern (Adressen siehe unten).

Likördestillate, -aromen, -essenzen

... erhalten Sie bei Spezialversendern (Adressen siehe rechts).

Drogen, Kräuter

Die meisten getrockneten Kräuter erhalten Sie in der Apotheke oder in speziellen Kräuterhäusern.

Kräuter Schulte
Schloßstr. 7
76593 Gernsbach
Tel.: 072 24/38 76
Fax: 072 24/6 84 34
E-Mail: kraeuterschulte@aol.com

Spezialversender für Bier-, Likör-, Weinbereitung

Fa. Paul Arauner GmbH & Co. kg
Wörthstr. 34–36
97318 Kitzingen
Tel.: 0 93 21/1 35 00
Fax: 0 93 21/13 50 41
E-Mail: verkaufhefe@arauner.com
www.arauner.com

Vierka-Friedrich Sauer GmbH
Postfach 1328
97628 Bad Königshofen
Tel.: 0 97 61/9 18 80
Fax: 0 97 61/91 88 44
E-Mail: mail@vierka.de
www.vierka.de

Register

Sternchen verweisen auf Abbildungen.

Haftung:
Autor und Verlag haben sich um richtige und zuverlässige Angaben bemüht. Fehler können jedoch nicht vollständig ausgeschlossen werden. Eine Garantie für die Richtigkeit der Angaben kann daher nicht gegeben werden. Haftung für Schäden und Unfälle wird aus keinem Rechtsgrund übernommen.

Bibliografische Information Der Deutschen Bibliothek
Die Deutsche Bibliothek verzeichnet diese Publikation in der Deutschen Nationalbibliografie; detaillierte bibliografische Daten sind im Internet über http://dnb.ddb.de abrufbar.

ISBN 13: 978-3-8001-5151-6
ISBN 10: 3-8001-5151-0

Wollgrasweg 41, 70599 Stuttgart (Hohenheim)
E-Mail: info@ulmer.de
Internet: www.ulmer.de
Printed in Germany
Layout und Satz: BUCHFLINK Rüdiger Wagner, Nördlingen
Druck und Bindung: Friedr. Pustet, Regensburg